Quick Guide

Reihe herausgegeben von
Springer Fachmedien Wiesbaden
Wiesbaden, Deutschland

Quick Guides liefern schnell erschließbares, kompaktes und umsetzungsorientiertes Wissen. Leser erhalten mit den Quick Guides verlässliche Fachinformationen, um mitreden, fundiert entscheiden und direkt handeln zu können.

Stefan Hunziker •
Mirjam Gruber-Durrer •
Christian Hauser •
Jeanine Bretti Rainalter

Return on Compliance

Erfolgsfaktoren der Compliance und
ihr Beitrag zum Unternehmenswert

Stefan Hunziker
Wirtschaft/IFZ-Campus Zug-Rotkreuz
Hochschule Luzern
Rotkreuz, Schweiz

Mirjam Gruber-Durrer
Wirtschaft/IFZ-Campus Zug-Rotkreuz
Hochschule Luzern
Rotkreuz, Schweiz

Christian Hauser
Schweizerischen Institut für
Entrepreneurship (SIFE)
Fachhochschule Graubünden
Chur, Schweiz

Jeanine Bretti Rainalter
Schweizerischen Institut für
Entrepreneurship (SIFE)
Fachhochschule Graubünden
Chur, Schweiz

ISSN 2662-9240 ISSN 2662-9259 (electronic)
Quick Guide
ISBN 978-3-658-45944-4 ISBN 978-3-658-45945-1 (eBook)
https://doi.org/10.1007/978-3-658-45945-1

Die Deutsche Nationalbibliothek verzeichnet diese Publikation in der Deutschen Nationalbibliografie; detaillierte bibliografische Daten sind im Internet über https://portal.dnb.de abrufbar.

© Der/die Herausgeber bzw. der/die Autor(en), exklusiv lizenziert an Springer Fachmedien Wiesbaden GmbH, ein Teil von Springer Nature 2024

Das Werk einschließlich aller seiner Teile ist urheberrechtlich geschützt. Jede Verwertung, die nicht ausdrücklich vom Urheberrechtsgesetz zugelassen ist, bedarf der vorherigen Zustimmung des Verlags. Das gilt insbesondere für Vervielfältigungen, Bearbeitungen, Übersetzungen, Mikroverfilmungen und die Einspeicherung und Verarbeitung in elektronischen Systemen.
Die Wiedergabe von allgemein beschreibenden Bezeichnungen, Marken, Unternehmensnamen etc. in diesem Werk bedeutet nicht, dass diese frei durch jede Person benutzt werden dürfen. Die Berechtigung zur Benutzung unterliegt, auch ohne gesonderten Hinweis hierzu, den Regeln des Markenrechts. Die Rechte des/der jeweiligen Zeicheninhaber*in sind zu beachten.
Der Verlag, die Autor*innen und die Herausgeber*innen gehen davon aus, dass die Angaben und Informationen in diesem Werk zum Zeitpunkt der Veröffentlichung vollständig und korrekt sind. Weder der Verlag noch die Autor*innen oder die Herausgeber*innen übernehmen, ausdrücklich oder implizit, Gewähr für den Inhalt des Werkes, etwaige Fehler oder Äußerungen. Der Verlag bleibt im Hinblick auf geografische Zuordnungen und Gebietsbezeichnungen in veröffentlichten Karten und Institutionsadressen neutral.

Springer Gabler ist ein Imprint der eingetragenen Gesellschaft Springer Fachmedien Wiesbaden GmbH und ist ein Teil von Springer Nature.
Die Anschrift der Gesellschaft ist: Abraham-Lincoln-Str. 46, 65189 Wiesbaden, Germany

Wenn Sie dieses Produkt entsorgen, geben Sie das Papier bitte zum Recycling.

Vorwort

Dieser Quick Guide wurde im Rahmen eines durch den Schweizer Bund (Innosuisse) finanziertes Forschungsprojekt entwickelt. Er entstand in enger Zusammenarbeit mit dem Beratungsunternehmen BDO sowie den vier Umsetzungspartnern Bâloise Holding AG, Clariant International AG, Gategroup Holding AG und Société Générale. Zudem kooperierten die beiden Forschungspartner Hochschule Luzern und Fachhochschule Graubünden mit dem Verein Ethics and Compliance Switzerland (ECS), um einen direkten Zugang zur schweizerischen Unternehmenslandschaft zu gewährleisten. Diese Zusammenarbeit ermöglichte es nicht nur den unmittelbar am Projekt beteiligten Umsetzungspartnerinnen von den Forschungsergebnissen zu profitieren, sondern auch eine weitreichende Verbreitung der Ergebnisse in der Unternehmenslandschaft sicherzustellen.

Bei der Implementierung von Compliance-Maßnahmen herrscht häufig Unsicherheit darüber, welche Maßnahmen besonders wirkungsvoll sind und somit mit hoher Priorität angegangen werden sollten. In der Literatur und in der Praxis fehlen bislang Stellhebel, welche das Kosten-Nutzen-Verhältnis von Compliance-Maßnahmen aufzeigen und somit als grundlegende Entscheidungshilfe für die oberste Führungsebene dienen können. Unbestritten ist, dass Investitionen in Compliance notwendig sind und dazu beitragen können, die potenziellen Kosten eines Risikoeintritts aufgrund von Non-Compliance zu senken.

Allerdings können Unternehmen diese Investitionen in die Compliance bislang nicht direkt messen, weshalb der daraus resultierende Wertbeitrag unklar und nicht bezifferbar bleibt.

Das Ziel des geplanten Innosuisse-Forschungsprojekts „Return on Compliance" besteht deshalb darin, ein wissenschaftlich fundiertes Modell für die Messung des Wertbeitrags der Compliance zu erarbeiten und gleichzeitig Stellhebel zu identifizieren, welche das Kosten-Nutzen-Verhältnis der Compliance positiv beeinflussen können. Das Projektergebnisse ermöglichen es, Compliance nicht nur als Kostenfaktor zu betrachten, sondern insbesondere die Rentabilität der Compliance-Investitionen zu messen. In der Konsequenz können die wirkungsvollsten und effektivsten Compliance-Maßnahmen ermittelt werden, wodurch die Ressourcenbindung deutlich reduziert wird.

Am Forschungsprojekt waren folgende Institutionen beteiligt:

- Hochschule Luzern – Wirtschaft, Institut für Finanzdienstleistungen Zug IFZ
- Schweizerisches Institut für Entrepreneurship der Fachhochschule Graubünden (FHG)
- Bâloise Holding AG
- BDO AG
- Clariant International AG
- Gategroup Holding AG
- Société Générale
- Ethics and Compliance Switzerland ECS

Wir haben während der Laufzeit des Forschungsprojektes und dem Verfassen dieses Quick Guide viele wertvolle Kommentare und Vorschläge von Praktikerinnen und Praktikern, Professorinnen und Professoren und Forschenden erhalten. Wir danken allen, die zu dieser Publikation beigetragen haben, ganz herzlich.

Unser Dank gilt auch den folgenden Personen und Institutionen:

- Allen am Forschungsprojekt beteiligten Institutionen und Umsetzungspartnerinnen und Umsetzungspartner.
- Frau Tania Garcia für Ihre wertvolle Unterstützung bei der Erstellung des Manuskripts.

- Frau Karin Altendorfer für Ihr wertvolles Korrekturlesen und die zahlreichen Verbesserungsvorschläge.
- Unseren Familien und Verwandten, für ihre Geduld und ihr Verständnis für die vielen „schreibbedingten Abwesenheiten".

Stefan Hunziker
Mirjam Gruber-Durrer
Christian Hauser
Jeanine Bretti Rainalter

Inhaltsverzeichnis

Zur Bedeutung von Corporate Compliance   1
Einleitung   2
Zur Notwendigkeit von Corporate Compliance   5
Zum Verständnis von Corporate Compliance   9
Zum Verständnis von Compliance-Erfolg   11
Zum Verständnis von Unternehmenserfolg   13
Literatur   15

Entwicklung des Compliance-Erfolgsmodells   19
Compliance-Erfolg aus Praxisperspektive   20
Corporate Compliance-Struktur und Organisation   22
Corporate Compliance-Kultur   25
Corporate Compliance-Prozesse   29
Corporate Compliance-Kommunikation   32
Rollenverständnis und Ziele der Corporate Compliance   34
Unternehmenserfolg   38
Verbesserungspotenziale und Anpassungsbedarf   41
Finalisierung und Validierung des Compliance-Erfolgsmodells   43

Erkenntnisse zum Compliance-Erfolgsmodell — 53
Vorstellung des Compliance-Erfolgsmodells — 54
Reifegrad der Compliance — 57
Ergebnisse zum Compliance-Erfolgsmodell — 62
Zur Stabilität des Compliance-Erfolgsmodells — 65
Limitationen — 70
Zwischenfazit — 71

Handlungsempfehlungen zur Optimierung des Compliance-Erfolgs — 75
Optimierung der Compliance Faktoren in der Praxis — 75
Einfluss von Compliance auf Entscheidungen im Unternehmen — 77
Compliance-Kompetenz — 80
Anpassungsfähigkeit der Compliance — 84
Einhaltung und Umsetzung der geltenden Verhaltensnormen — 87
Überwachung der Compliance — 88
Compliance-Risk-Assessment — 92
Umgang mit Meldungen von Verstössen — 95
Tone from the Top — 97
Integrität im Unternehmen — 99
Speak-Up Kultur — 101
Unternehmensinterne Kommunikation — 103
Literatur — 106

Fazit und Ausblick — 109

Zur Bedeutung von Corporate Compliance

> **Was Sie aus diesem Kapitel mitnehmen**
> - Steigende Bedeutung von Corporate Compliance
> - Zentrale Herausforderungen von Corporate Compliance
> - Konzeptioneller Bezugsrahmen von Corporate Compliance
> - Klärung des Begriffs „Corporate Compliance"
> - Klärung des Begriffs „Compliance-Erfolg"
> - Klärung des Begriffs „Unternehmenserfolg"

Dieses Kapitel beginnt mit einer Einleitung zur Bedeutung von Corporate Compliance. Danach wird Corporate Compliance organisationstheoretischen Perspektiven beleuchtet. Schließlich werden zentrale Begriffe zum besseren Verständnis des Forschungsmodells zum Wertbeitrag der Compliance eingeführt und definiert.

Einleitung

[Companies with a strong compliance program „make more money, drive nicer cars and live in better neighborhoods" (Wilson, 2018, S. 23).]

[Compliance is „nothing more than an additional round in a pretend game of evaluation science with an ultracrepidarian's hand" (Laufer, 2017, S. 405).]

Meldungen zu Fällen in welchen Unternehmen angeprangert werden gegen Compliance-Anforderungen oder Compliance-Verpflichtungen zu haben ereilen uns mittlerweile fast täglich. Eine Vielzahl dieser Non-Compliance-Fälle endet in zivil- und strafrechtlichen Verfahren mit entsprechenden Konsequenzen: Einerseits für die verantwortlichen Personen selbst wobei in erster Linie an die Unternehmensleitungen zu denken ist die gesetzlich dazu verpflichtet sind die Geschäftsführung im Hinblick auf die Befolgung der Gesetze zu beaufsichtigen. Anderseits für das Unternehmen per se welches in der Regel einen massiven Wertverlust erleidet. Dazu zählen die direkt messbaren Kosten wozu unter anderem die Kosten für die (juristische) Aufarbeitung des Falles gehören. Zusätzlich zieht ein Compliance-Verstoß immer auch indirekte Kosten nach sich wozu z. B. der Vertrauensverlust der Kundschaft sowie Lieferantinnen und Lieferanten in das Unternehmen gehört. Diese indirekten Kosten der Non-Compliance sind schwierig zu messen da viele Faktoren in die Berechnung miteinfliessen.

Grundsätzlich kann davon ausgegangen werden, dass sich die große Mehrheit der Unternehmen in der Schweiz regelkonform und somit „compliant" verhält, denn Corporate Compliance stellt einen unternehmensweiten Ansatz zur effektiven und effizienten Erfüllung der wesentlichen Stakeholder-Anforderungen dar. Dazu gehört eine nachhaltige, risiko- und wertorientierte, ethische und gesetzeskonforme Geschäftsführung. Um die Einhaltung der zahlreichen Regularien zu gewährleisten, investieren die Unternehmen hohe Geldbeträge in die Compliance: Dazu gehört die Ausgestaltung, Implementierung und Überwachung eines Compliance-Management-Systems, der Erlass unternehmensinterner Richtlinien und Verhaltensstandards sowie die Schulung und Sensibilisierung der Mitarbeitenden. Dies alles mit dem Ziel, eine nachhaltige Compliance-Kultur im Unternehmen zu schaffen und dadurch dem Risiko der Non-Compliance wirkungsvoll und nachhaltig zu begegnen.

Bis heute ist jedoch unklar, welche konkreten Auswirkungen diese Investitionen auf den Unternehmenserfolg haben. Deshalb herrscht bei der Implementierung dieser Compliance-Maßnahmen bei den verantwortlichen Personen häufig Unsicherheit darüber, welche Maßnahmen besonders wirkungsvoll sind und somit mit hoher Priorität angegangen werden sollten. Dies führt dazu, dass Corporate Compliance in einem schwierigen Spannungsfeld zwischen Kosten und Nutzen steht. In der Literatur und in der Praxis fehlen bislang validierte, effektive Compliance-Maßnahmen mit einem vorteilhaften Kosten-Nutzen-Verhältnis und damit eine grundlegende Entscheidungshilfe für die oberste Führungsebene, „wo" und in „welchem Umfang" in Compliance investiert werden müsste. Unbestritten ist, dass Investitionen in Compliance notwendig sind und dass dadurch die potenziellen Kosten des Risikoeintritts der Non-Compliance reduziert werden können. Tatsache ist aber, dass die Unternehmen den Return dieser Investitionen in die Compliance bislang nicht direkt messen können und dass somit der daraus resultierende Wertbeitrag für das Unternehmen unklar und nicht bezifferbar bleibt.

Die Debatten über den Wert von Compliance, an denen Compliance-Expertinnen und Experten, Beraterinnen und Berater, Regulierungsbehörden, Management und Forscherinnen und Forscher beteiligt sind, basieren insgesamt leider größtenteils auf anekdotischer Evidenz oder schlicht nicht belastbaren Behauptungen. Insgesamt steht die globale Compliance-Industrie auf dünnem Eis, da Unternehmen beträchtliche Summen in Compliance-Programme investieren, deren Effektivität jedoch noch nicht hinreichend empirisch belegt ist (Bevan et al., 2019).

Eine zentrale Schwierigkeit für Unternehmen besteht darin, dass sie vor einer Art „Informationsvakuum" stehen, wie effektive Compliance umgesetzt werden soll – so rasant verändern sich externe Anforderungen. Deshalb greifen diese Unternehmen oft zu dem, was verfügbar und am einfachsten zu implementieren ist, das heißt was die Compliance-Anbietende anbieten. Dies führt zu einer ungebremsten Zunahme an Standards, Richtlinien, Schulungen, Überwachungsinstrumenten, ohne dass belastbare (wissenschaftlich fundierte) Überlegungen zu ihrer Wirksamkeit gemacht werden. Auch die Compliance-Kosten nehmen zu, was den Druck erhöht, den „Return on Compliance Investment" aufzuzeigen (Haugh & Bedi, 2023).

Tatsache ist, dass „Compliance" heute als Grundvoraussetzung für die „license to operate" gilt und daher für Organisationen eine kritische Managementfunktion mit einer hoher Ressourcenbindung bedeutet. Trotzdem lassen zahlreiche Unternehmensskandale in Zusammenhang mit Compliance-Verstößen vermuten, dass Unternehmen nicht immer in der Lage sind, die unternehmensweiten Compliance-Risiken adäquat zu steuern. Daraus folgt ein Legitimationsproblem für die verantwortlichen Führungskräfte, da die (hohen) Compliance-Ausgaben nur schwierig zu rechtfertigen sind. Während es traditionell üblich ist, Effektivität anhand der Features von Tools, Techniken und Methoden zu messen, ihre beabsichtigten Ziele zu erreichen, besteht eine Herausforderung darin, dass Effektivität nicht notwendigerweise mit ökonomischer Rentabilität einhergeht. Die ökonomische Sichtweise auf Compliance bedeutet, im Compliance Management einen „belastbaren Business Case" zu sehen. Dies bedeutet, dass die Kostenersparnis im Vergleich zu den Ausgaben für Compliance oder die Umsatzsteigerung durch Compliance im Vergleich zu den Ausgaben betrachtet wird.

Ein besonders wichtiger Aspekt dieser Business Case-Perspektive auf Compliance ist die Möglichkeit, die Umsätze aufgrund einer externen Wahrnehmung über den Reifegrad der Compliance zu steigern. Wenn ein Unternehmen als ethisch und verantwortungsvoll angesehen wird, kann dies seine Wettbewerbsfähigkeit bedeutend erhöhen. Dieser Ansatz spiegelt sich auch in anderen Bereichen wider, wie z. B. Corporate Social Responsibility (CSR) oder Environmental, Social, and Governance (ESG)-Kriterien. Es gibt viele Aussagen über den positiven Einfluss von Compliance auf Wertgenerierung und Verbesserung der Wettbewerbsfähigkeit, aber bisher fehlen weitgehend empirische Belege dafür.

Taylor (2017) auf der anderen Seite gibt zu bedenken, dass nicht immer ein „Business Case" benötigt werden sollte, um das Richtige zu tun. Dies weist darauf hin, dass der Wertbeitrag von Compliance nicht nur in finanziellen Kennzahlen gemessen werden kann (bzw. soll), sondern auch in ethischen und moralischen Prinzipien, die für das langfristige Überleben und den Erfolg eines Unternehmens entscheidend sind (Haugh & Bedi, 2023).

Der vorliegende Quick Guide zeigt und erläutert das im Rahmen eines vom Schweizerischen Bund (Innosuisse) geförderten Forschungsprojektes entwickelte, wissenschaftlich fundierte und empirische validierte Modell für die Messung des Wertbeitrags der Compliance. Das Modell ist in der Lage, einen Zusammenhang zwischen erfolgreicher Compliance und dem Unternehmenserfolg nachzuweisen, was einem „Paradigmenwechsel im Umgang mit Compliance" gleichkommt. Gleichzeitig werden Stellhebel (Erfolgsfaktoren der Compliance) vorgestellt, welche das Kosten-Nutzen-Verhältnis und die Wirksamkeit der Compliance positiv beeinflussen können. Ziel des vorliegenden Quick Guide ist es, Compliance nicht als Kostenfaktor zu betrachten, sondern insbesondere die Rentabilität der Compliance-Investitionen in den Vordergrund zu stellen. In der Konsequenz können Handlungsempfehlungen an die Unternehmenspraxis abgegeben werden, das eigene Compliance Management effektiver und effizienter zu gestalten, um einen positiven Wertbetrag generieren zu können.

Zur Notwendigkeit von Corporate Compliance

Die Analyse von Corporate Compliance erfordert eine fundierte Betrachtung aus verschiedenen theoretischen und konzeptionellen Perspektiven. In diesem Zusammenhang gibt es vor allem drei wichtige Organisationstheorien, welche die Notwendigkeit einer an das jeweilige Unternehmen angepasste Compliance begründen: die Kontingenztheorie, die Neo-Institutionentheorie und die Agenturtheorie. Die Kontingenztheorie erklärt, wie Organisationen ihre Strukturen an situative Rahmenbedingungen anpassen, was wiederum die Effizienz und Effektivität ihrer Compliance-Aktivitäten beeinflusst. Corporate Compliance wird als Teil dieser Struktur betrachtet, der durch situative Faktoren, wie z. B. Organisationsgröße und Branche, geprägt wird.

Die Neo-Institutionentheorie betont, dass Organisationen nicht nur von ökonomischen Zielen geleitet werden, sondern auch von kulturellen und normativen Faktoren, die der Organisation Legitimität verschaffen.

Darunter fallen z. B. alle Compliance-relevanten Regularien und Gesetze. Corporate Compliance dient aus dieser theoretischen Sichtweise der externen Legitimation der Organisation und hat verhaltenslenkende Wirkung.

Schließlich untersucht die Agenturtheorie die Beziehung zwischen Auftraggebenden und Auftragnehmenden und geht grundsätzlich von Opportunismus aus. Corporate Compliance kann dabei helfen, Informationsasymmetrien zu verringern und die Interessen von Prinzipalen und Agenten (bestmöglich) auszugleichen.

Diese drei Theorien setzen einen theoretischen Bezugsrahmen für das Forschungsprojekt. Es wird anerkannt, dass Unternehmen in Wechselwirkung mit ihrer Umwelt stehen und dies sowohl die Organisationsstruktur beeinflusst wie auch die Verhaltensweisen der am Unternehmen beteiligte Personen. Dabei darf der Einfluss von gesellschaftlichen Erwartungen nicht ausser Acht gelassen werden, da dieser die Legitimität von Organisationen rechtfertigt. Insbesondere die Agenten in den Unternehmen werden als Nutzenmaximierer gesehen, die nicht zwangsläufig im Interesse der Prinzipale handeln müssen.

Um allen Anforderungen und Erwartungen gerecht werden und um Konflikten hinsichtlich Informationsasymmetrien zwischen Unternehmensakteuren vorbeugend begegnen zu können, müssen die regulatorische Ebene, die Ebene der freiwilligen Verhaltenskodizes sowie die personenbezogene Ebene bei der Herleitung eines umfassenden Verständnisses von Corporate Compliance berücksichtigt werden. Diese drei Ebenen werden fortfolgend kurz erläutert.

Der Fokus auf regulatorische Standards für Corporate Compliance erstreckt sich sowohl auf internationale als auch nationale Vorgaben. Internationale Standards für Corporate Compliance sind weltweit gültig und werden freiwillig angewendet. Zu den wichtigsten gehören ISO 37301:2021, das COSO ERM Framework und OECD-Standards, einschließlich des Leitfadens zur internen Kontrolle, Ethik und Compliance sowie der G20/OECD-Grundsätze der Corporate Governance. Diese Standards bieten Richtlinien für die Implementierung von Compliance-Management-Systemen, das Risikomanagement im Bereich Compliance und die Förderung der Einhaltung von Gesetzen und Standards. Sie betonen die Bedeutung von Führung, klaren Richtlinien, Schulungen,

Überwachung und Sanktionen zur Sicherstellung der Compliance in Unternehmen und Tochtergesellschaften sowie bei Dritten.

Nationale Standards im Bereich Corporate Compliance spielen eine entscheidende Rolle. Für Unternehmen z. B. in der Schweiz gilt Artikel 716a des schweizerischen Obligationenrechts (OR). Gemäß diesem Artikel hat die Verwaltungsrätin bzw. der Verwaltungsrat (entspricht ähnlich dem Aufsichtsorgan in Deutschland, obwohl in der Schweiz das monistische System existiert) die unübertragbare Aufgabe, die Oberleitung der Gesellschaft sicherzustellen, einschließlich der Implementierung und Überwachung eines integralen Risikomanagement-Systems und der Einhaltung von Corporate Compliance.

In diesem Kontext sind wichtige nationale Standards wie z. B. der Swiss Code of Best Practice for Corporate Governance, die Grundzüge eines wirksamen Compliance-Managements sowie der Prüfungsstandard (PS) 980 von EXPERTsuisse zu erwähnen. Diese Standards bieten praktische Leitlinien und Empfehlungen zur Umsetzung und Überwachung von Corporate Compliance in Schweizer Unternehmen.

Die aufgabenbezogene Ebene von Corporate Compliance besteht primär darin, die Einhaltung aller bindenden Verpflichtungen der Organisation zu gewährleisten. Um dieser Aufgabe nachkommen zu können, stellen die nationalen und internationalen Normen zur Corporate Compliance eine Vielzahl von Hilfsmitteln zur Verfügung. Die Umsetzung erfolgt jeweils mittels der Ausgestaltung, Implementierung und Überwachung der Corporate Compliance. Eine wichtige Überlegung bei der Implementierung von Corporate Compliance ist die Abgrenzung zu anderen Aufgabenfeldern wie dem internen Kontrollsystem (IKS) und dem Risikomanagement-System (ERM). Gemäß dem Verständnis des Committee of Sponsoring Organizations of the Treadway Commission (COSO) ist Corporate Compliance ein integraler Bestandteil des IKS (COSO, 2013). Ebenso ist das IKS ein wesentlicher Teil des Enterprise Risk Managements (ERM) nach COSO. Sowohl gemäß SwissHoldings (Verband der Industrie- und Dienstleistungskonzerne in der Schweiz) als auch economiesuisse (Dachverband der Schweizer Wirtschaft) sollte Corporate Compliance den Grundsätzen des Risikomanagements folgen. Es geht darum, strategisch relevante Risiken der Gesetzesnichtbeachtung und Verstöße gegen interne Richtlinien proaktiv zu identifizieren und gemäß den Grundsätzen des Risikomanagements zu adressieren. Dabei ist es wichtig, dass die Risikobewältigung von Compliance-Risiken auf internationalen Normen basiert, um eine einheitliche Methodik im Risikomanagement zu gewährleisten.

Im Bereich der personenbezogenen Ebene werden insbesondere die Aufgabentragende der Corporate Compliance identifiziert. Gemäß dem schweizerischen Obligationenrecht ist grundsätzlich die Verwaltungsrätin bzw. der Verwaltungsrat für die Ausgestaltung, die Implementierung und die Überwachung der Corporate Compliance zuständig und verantwortlich. Hat die Verwaltungsrätin bzw. der Verwaltungsrat die Geschäftsführung rechtmässig delegiert, können sie gewisse Aufgaben im Bereich der Corporate Compliance delegieren. Eine Delegation an folgende Personen und Abteilungen ist denkbar:

- Chief Executive Officer
- Chief Financial Officer
- Chief Compliance Officer
- Chief Risk Officer
- Chief Operating Officer
- Chief Information Officer
- Legal Counsel
- Finanzabteilung/Controlling
- Risikomanagement.

Die Verwaltungsrätin bzw. der Verwaltungsrat hat die Hauptaufgabe, die mit der Geschäftsführung betrauten Personen zu überwachen, insbesondere in Bezug auf die Einhaltung von Gesetzen und internen Richtlinien. Dies erfordert eine sorgfältige Überwachung und Anpassung an Veränderungen, um Gesetzesverstöße zu verhindern oder frühzeitig zu erkennen, um finanziellen Schaden und Reputationsschäden zu vermeiden sowie Mitarbeitende zu schützen. Die Verwaltungsrätin bzw. der Verwaltungsrat legt auch die Unternehmenswerte und Compliance-Grundlagen fest, während die Geschäftsleitung die Einhaltung dieser Regeln im Tagesgeschäft sicherstellt und die Verwaltungsrätin bzw. der Verwaltungsrat regelmäßig über die Bemühungen und Effektivität der Compliance berichtet. Die Unternehmensführung hat die oberste

Verantwortung für die Organisation des Unternehmens, um Gesetzesverstöße zu vermeiden oder frühzeitig aufzudecken. Sie bestimmt die Grundlagen der Rechts- und Compliance-Organisation, einschließlich Struktur und Personal, und legt fest, wie diese Funktionen geführt werden sollen.

Die Überwachung der Compliance liegt in der Schweiz bei der Verwaltungsrätin bzw. beim Verwaltungsrat. Dieses Gremium stellt sicher, dass Governance-Prinzipien umgesetzt und relevante Fragen zur Compliance gestellt werden. Die operative Umsetzung obliegt der Geschäftsleitung und der Linienorganisation, wobei jedes Organmitglied und jeder Mitarbeitende persönlich für die Compliance in seinem Bereich verantwortlich ist. Die Compliance-Funktion kann separat oder integriert organisiert werden, wobei ein bereichsübergreifender Ausschuss empfohlen wird, um Unabhängigkeit und einen koordinierten Ansatz sicherzustellen. Ein integriertes Governance, Risk und Compliance (GRC)-Modell kann auch Corporate Governance und Risikomanagement einschließen (Economiesuisse, 2014).

Zum Verständnis von Corporate Compliance

Die Definition und Interpretation von Compliance, insbesondere im Kontext verschiedener Standards und Richtlinien, sind von wesentlicher Bedeutung für die Organisationen. Die ISO-Norm 37301 bezeichnet Compliance als das umfassende Erfüllen aller Verpflichtungen einer Organisation, sei es gesetzlich vorgeschrieben oder freiwillig akzeptiert. Dies schließt sowohl zwingende gesetzliche Anforderungen als auch interne Richtlinien ein. Der Swiss Code of Best Practice legt den Schwerpunkt auf die Einhaltung der geltenden Normen.

Die Grundzüge eines wirksamen Compliance-Managements umfassen die Einhaltung von Rechtsvorschriften und internen Verhaltensrichtlinien sowie eine Selbstverpflichtung zur Integrität. Eine Compliance-Kultur erfordert Maßnahmen auf allen Ebenen und ist das Ergebnis einer guten Führung.

Im betriebswirtschaftlichen Verständnis bedeutet Compliance die Einhaltung von Gesetzen, Standards und internen Regeln, verbunden mit einem Bekenntnis zur Integrität und einem darauf ausgerichteten

Compliance-Management. Compliance bezieht sich auf die Sicherstellung der Einhaltung von Rechtsvorschriften und selbstverpflichtenden Normen, was von den Stakeholdern aufgrund der gesellschaftlichen Verantwortung erwartet wird. Es beinhaltet ein umfassendes Bekenntnis zur Integrität (Economiesuisse, 2014).

Gemäß Schweizer Prüfungsstandard PS 980 bedeutet Compliance die Einhaltung von Regeln, einschließlich gesetzlicher Bestimmungen, unternehmensinterner Richtlinien, ethischen Verhaltensnormen und Normen im Allgemeinen (EXPERTsuisse, 2018).

In der Lehre existieren ebenfalls unterschiedliche Definitionen von Compliance. Hauschka et al. (2016, Rn. 2) beschreiben sie als die Befolgung und Übereinstimmung mit bestimmten Geboten. Menzies (2006, S. 2) definiert Compliance als die Einhaltung gesetzlicher Bestimmungen, regulatorischer Standards und anderer wesentlicher Stakeholder-Anforderungen. Schneider (2003) betrachtet Compliance als die Gesamtheit aller Maßnahmen, die notwendig sind, um ein rechtmässiges Verhalten des Unternehmens, seiner Organmitglieder und Mitarbeitenden unter Berücksichtigung aller gesetzlichen Gebote und Verbote sicherzustellen (S. 646).

Die Analyse zeigt, dass das Compliance-Feld jung und ausserordentlich dynamisch ist, was zu einer allgemeinen Verwirrung führt, wie Compliance definiert wird, welchen Wert sie besitzt und wie dieser Wert gemessen werden kann. Es hat sich ein breites Spektrum an Definition und Interpretation des Compliance-Begriffs manifestiert. Für die Festlegung des Compliance-Modells im Rahmen des Forschungsprojekts ist eine einheitliche Definition allerdings entscheidend. Die Analyse von Gesetzen, Standards, Richtlinien sowie internen Unternehmensvorgaben und Werten bildet dabei einen wesentlichen Bestandteil der Begriffsbestimmung. Die Erkenntnisse aus Fallstudien und die Zusammenarbeit mit Projektpartnerinnen und Projektpartner fliessen ebenfalls in die Definition ein. Für das Forschungsprojekt wurde folglich eine breit interpretierte Definition für Corporate Compliance festgelegt:

„Corporate Compliance bedeutet die Einhaltung aller Verpflichtungen einer Organisation. Dazu gehören sowohl die Einhaltung der anwendbaren Rechtsvorschriften, die vertraglichen Verpflichtungen sowie die selbstverpflichtenden Normen, d. h. geschriebene und ungeschriebene interne Verhaltensrichtlinien. Dazu gehören u. a. der Code of Conduct, Weisungen und Unternehmenswerte, Integrität und Ethik, Kodizes von Verbänden, und Selbstregulierungsnormen."

Zum Verständnis von Compliance-Erfolg

Eine präzise und messbare Definition von Compliance-Erfolg im Kontext der Corporate Compliance ist von essenzieller Bedeutung. Das später in diesem Quick Guide präsentierte Compliance-Erfolgsmodell dient dazu, einerseits die Compliance-Stellhebel zu beschreiben, die den Compliance-Erfolg positiv beeinflussen. Compliance-Erfolg wird durch die beiden Dimensionen „Effektivität" und „Effizienz" operationalisiert. Andererseits illustriert das Compliance-Erfolgsmodell, ob, in welchem Ausmaß, und in welche Richtung (positiv oder negativ) eine erfolgreiche Compliance den Unternehmenserfolg beeinflusst.

Über die Verwendung der Begriffe „Effizienz", „Effektivität" und „Erfolg" herrscht in der Literatur (immer noch) kein Konsens: So sprechen z. B. March und Sutton (1997) und Robalo (1992) von Effektivität als Synonym für Erfolg. Schulte-Zurhausen (2002) betrachtet Effizienz als ein Unterkriterium von Effektivität. Einige Autorinnen und Autoren verzichten auf eine Unterscheidung dieser Konzepte, andere erachten eine begriffliche und damit inhaltliche Trennung für notwendig. Letztere Gruppe argumentiert, dass es sich bei Effizienz und Effektivität um unterschiedliche Kriterien zur Bewertung von Organisationen handelt, die unabhängig voneinander unterschiedlich stark berücksichtigt werden sollten. Deshalb soll nachfolgend eine nachvollziehbare begriffliche Unterscheidung vorgenommen werden. Für das Forschungsprojekt wird Effizienz und Effektivität als separate, unabhängig zu messende Dimensionen des Organisationserfolgs verstanden (Davis & Pett, 2002; Neely et al., 1995; Ozcan et al., 1997; Pun & White, 2005).

Effektivität wird häufig mit „doing the right things" erklärt, um den Zusammenhang einer Maßnahme mit einem vorab definierten Ziel zu verdeutlichen. Demnach bedeutet Effektivität, dass eine Organisation die richtigen Ziele verfolgt und auch erreicht (Zielerreichungsgrad). Eine Antwort auf die Frage, was unter „richtigen Zielen" zu verstehen ist, unterbleibt jedoch in der Literatur. Davis und Pett (2002) beschreiben mit Effektivität die Fähigkeit einer Organisation, mit ihrer Umwelt in Beziehung zu treten, insbesondere in Bezug auf den Erwerb knapper Ressourcen. Somit gilt Effektivität als ein extern zu verstehender Vergleichsmaßstab. Dieser sagt aus, was eine Organisation tut, d. h. ob sie ihre vorab festgelegten Ziele erfüllt. Effektivität ist dann gegeben, wenn ein vorgegebenes Ziel (Output) erreicht wird, und zwar unabhängig vom Aufwand (Input), den eine Organisation zur Zielerfüllung einsetzen muss. Letzteres ist Aufgabe der Effizienz, die im Gegensatz dazu eine Aussage darüber trifft, wie bzw. mit welchen Ressourceneinsatz „etwas" in einer Organisation erreicht wird (Input-Output-Verhältnis).

Die Maximierung von Effizienz gilt als „positive Wertvorstellung" per se und ist sozial erwünscht, sodass oftmals aus Gründen der Legitimation von Organisationen von Effizienz gesprochen wird, wenn eigentlich Effektivität gemeint ist. Eine Folge davon ist, dass Kennzahlen zur Messung von Effizienz definiert werden, die sich eigentlich auf Effektivität beziehen.

Effizienz wird häufig mit „doing things right" umschrieben, um zu verdeutlichen, dass es sich um den Input-Output-bezogenen Erreichungsgrad eines vorab festgelegten Ziels einer Organisation handelt. Dabei spielen insbesondere die Ressourceneffizienz, d. h. der optimale Einsatz der in der Organisation verfügbaren Ressourcen, und die Prozesseffizienz, d. h. der optimale Ablauf der Prozesse der Leistungserstellung und -verwertung, eine Rolle für die Organisationsgestaltung. Effizienz bezieht sich somit auf die interne Funktionsweise einer Organisation und wird formal als Verhältnis von Input zu Output dargestellt. Darin sehen Goodman und Pennings (1980) den Hauptunterschied zu Effektivität: Während Effizienz als Verhältniszahl abgebildet wird, konzentriert sich die Effektivitätsmessung auf die Messung von Input oder (meistens) Output.

Beispielhaft für ein in sich geschlossenes Effizienzkonzept, das die Mehrdimensionalität des Konstrukts einbezieht, ist das Modell von Werder (1998) bzw. von Werder und Grundei (2000). Dieses handlungstheoretische Effizienzkonzept sieht eine handlungsrationale (Konfigurationseffizienz) und eine handlungsreale Dimension (Motivationseffizienz) der Organisationsbewertung vor. Die Berück-sichtigung handlungsrealer Aspekte in der Effizienzbewertung von Organisationen trägt der Tatsache Rechnung, dass sich Organisationsmitglieder keineswegs immer rational i. S. v. sachlogischen Notwendigkeiten verhalten. Beide Dimensionen müssen deshalb miteinander integriert werden.

Die Konfigurationseffizienz knüpft an Arbeitsteilung und Koordination an. Arbeitsteilung bewirkt die Bewältigung komplexer Aufgaben und erzeugt gleichzeitig Autonomiekosten infolge der tendenziell niedrigeren Qualität der arbeitsteilig vollzogenen Einzelhandlungen. Koordination reduziert diese Autonomiekosten, aber verursacht Abstimmungskosten. Diese Abstimmungskosten entstehen aufgrund eines erhöhten Aufwands an Personal, Sachressourcen und Zeit. Das daraus resultierende Optimierungsproblem ist kaum lösbar, weil diese Kosten nicht direkt quantifiziert werden können (von Werder, 1998; von Werder & Grundei, 2000).

Im Unterschied zur Konfigurationseffizienz wird bei der Motivationseffizienz unterstellt, dass Mitarbeitende ihre Fähigkeiten nicht i. S. d. Unternehmensziele einsetzen. Deshalb sind ggf. Autorität und Autonomie erforderlich. Autoritätseffekte zeichnen sich durch die Ausrichtung der Handlungen der Mitarbeitenden auf die Unternehmensziele durch den Einsatz kompetenz- und qualifikationsgestützter Führungs- und Fachautorität aus. Autonomieeffekte basieren auf der Annahme, dass die Leistungsbereitschaft mit den Partizipationsmöglichkeiten und Handlungsspielräumen des einzelnen steigt (von Werder, 1998; von Werder & Grundei, 2000).

Es stellt sich somit die Frage, welchen Beitrag eine effektive und effiziente Corporate Compliance zum Unternehmenserfolg liefert.

Zum Verständnis von Unternehmenserfolg

Es gibt keine einheitliche Definition von Erfolg im wirtschaftlichen Sinne. In der Literatur wird diskutiert, welche Elemente essenzielle Bestandteile für den Erfolg darstellen, welche „nur" Einflussfaktoren des Unternehmenserfolgs repräsentieren und welches Modell (in welchen Kontexten) zur Konzeptualisierung des Erfolgs genutzt werden soll. Nachfolgend werden die Komplexität und Vielschichtigkeit dieser

Thematik mit einigen Beispielen und Ansätzen für die Zwecke des vorliegenden Quick Guide illustriert.

Den „State-of-the-Art" bilden Modelle, die versuchen, verschiedene, multidimensionale Ansätze/Perspektiven des Erfolges durch Integration abzubilden. Die konzeptionelle Forschung wird dabei häufig durch die empirischen Forschungsansätze unterstützt. Mit Hilfe der Empirie sollen die konzeptionellen Überlegungen zum Erfolg überprüft bzw. „bewiesen" werden. Im Zeitverlauf wurde häufig Kritik an der Ausrichtung an den populären finanziellen Erfolgsmaßen, wie z. B. Return on Investment (ROI) und Umsatzrendite geübt. Dies führte zu einer Berücksichtigung von nicht-finanziellen Erfolgsmaßen in der empirischen Forschung. Beispiele dafür sind die Anpassungsfähigkeit des Unternehmens und die Berücksichtigung der Entscheidungsqualität.

Für die Konzeptualisierung des Unternehmenserfolges ist es empfehlenswert, ein multivariat-integriertes Modell zu verwenden. In der Literatur sind mehrere Hauptströmungen für die Untersuchung der „organisationalen Effektivität" zu finden, so etwa die des „Scientific-Managements", des „Human Relations-Ansatzes", des „Socio-Technical-Ansatzes", und der klassischen „Economic Theory of the Firm" im Sinne der „Ziel-Orientierung". Diese Ansätze werden in zwei Hauptkategorien „Goal Model" und das „System Model" klassifiziert (Miles, 1980, zit. in Sill, 2009, S. 21 f.).

Des Weiteren kann auch das „Decision Process Model" einen Erklärungsbeitrag für die Erfolgsmessung leisten. Dieses Modell stellt die Gewinnung und das Management von Informationen in den Vordergrund. Unter dem Management von Informationen ist u. a. auch die Entscheidungsfindung im Unternehmen zu verstehen, die als Basis aller unternehmerischen Tätigkeiten und damit auch als Basis des Erfolgs angesehen wird. Schließlich beruht das Treffen von Entscheidungen immer darauf, dass im Anschluss an die Entscheidung etwas getan oder auch gelassen wird, was wiederum die weitere Zukunft des Unternehmens beeinflusst. Außerdem wird in dem „Decision Process Model" und dem „System Model" auch eine zukunftsgerichtete Perspektive integriert. Damit wird die Einbindung von finanziellen und nicht-finanziellen Erfolgsgrößen als wichtig erachtet (Sill, 2009). Abb. 1 gibt einen Überblick über einen auf vorhergehenden Überlegungen breit interpretierten Ansatz der Erfolgsmessung.

Abb. 1 Dimensionen des Unternehmenserfolgs. (Adaptiert aus Sill, 2009, S. 91)

Transfer in die Praxis
- Achten Sie darauf, dass Non-Compliance schwerwiegende rechtliche und finanzielle Konsequenzen nach sich ziehen kann, welche den Wert des Unternehmens beeinträchtigen können.
- Definieren Sie einen klaren Ansatz zur Implementierung einer effektiven Compliance, der eine enge Integration in die Unternehmensstruktur und -kultur erfordert und alle Ebenen der Organisation einbezieht.
- Entscheiden Sie sich bei der Wahl von Corporate Compliance Ansätzen für empirisch fundierte Methoden, um die Effektivität und Effizienz der Compliance zu gewährleisten.
- Investieren Sie ausreichend Ressourcen in die Implementierung und Überwachung von Compliance-Management-Systemen, sowie in Schulungen für Mitarbeitende, um Unternehmensrisiken zu mindern.
- Berücksichtigen Sie ethische und moralische Prinzipien bei der Messung des Wertbeitrags von Compliance, da diese langfristig den Unternehmenserfolg beeinflussen können.

Literatur

Bevan, O., Kaminski, P., Kristensen, I., Poppensieker, T., & Pravdic, A. (2019). *The compliance function at an inflection point.* McKinsey & Company. https://www.mckinsey.com/capabilities/risk-and-resilience/our-insights/the-compliance-function-at-an-inflection-point. Zugegriffen am 02.05.2024.

Committee of Sponsoring Organizations of the Treadway Commission (COSO IKS). (2013). *Internal control – Integrated framework.* AICPA.

Davis, P. S., & Pett, T. L. (2002). Measuring organizational efficiency and effectiveness. *Journal of management research, 2*(2), 87–97.

Economiesuisse. (2014). *Grundzüge eines wirksamen Compliance-Managements.* https://www.economiesuisse.ch/sites/default/files/publications/compliance_d_20140926_0.pdf. Zugegriffen am 04.04.2024.

EXPERTsuisse. (2018). *Schweizerischer Prüfungsstandard PS 980.* https://www.expertsuisse.ch/standard-ps980. Zugegriffen am 24.05.2024.

Goodman, P., & Pennings, M. (1980). *Critical issues in assessing organizational effectiveness.* In E. Ladler, D. Nadler, & C. Camman (Hrsg.), *Organisational assessment.* Wiley.

Haugh, T., & Bedi, S. (2023). *Valuing Corporate Compliance.* 109 Iowa Law Review 541 (2024), Kelley School of Business Research Paper 2023-4380918. https://ssrn.com/abstract=4380918. Zugegriffen am 08.07.2024.

Hauschka, C. E., Moosmayer, K., & Lösler, T. (2016). *Corporate compliance. Handbuch der Haftungsvermeidung im Unternehmen* (3. Aufl.). C. H. Beck.

Laufer, W. S. (2017). Very special regulatory milestone. *University of Pennsylvania Journal of Business Law, 20*(2), 392–428.

March, J. G., & Sutton, R. I. (1997). Organizational performance as a dependent variable. *Organization Science, 8*(6), 698–706.

Menzies, C. (2006). *Sarbanes-Oxley und Corporate Compliance: Nachhaltigkeit, Optimierung, Integration.* Schäffer-Poeschel.

Miles, R. H. (1980). *Macro organizational behavior.* Goodyear Publishing Company.

Neely, A., Gregory, M., & Platts, K. (1995). Performance measurement system design. *International Journal of Operations & Production Management, 15*(4), 80–116.

Ozcan, Y. A., Shukla, R. K., & Tyler, L. H. (1997). Organizational performance in the community Mental Health Care System: The need Fulfillment perspective. *Organization Science, 8*(2), 176–191.

Pun, K. F., & White, A. S. (2005). A performance measurement paradigm for integrating strategy formulation: A review of systems and frameworks. *International Journal of Management Reviews, 7*(1), 49–71.

Robalo, A. S. (1992). *Effizienz von Unternehmen. Analyse ausgewählter Ansätze der Organisationstheorie unter besonderer Berücksichtigung von Umweltfaktoren.* Lissabon (zugl. Diss. Universität Trier 1992).

Schneider, U. H. (2003). Compliance als Aufgabe der Unternehmensleitung. *Zeitschrift für Wirtschaftsrecht, 24*(15), 645–650.

Schulte-Zurhausen, M. (2002). *Organisation* (3. Aufl.). Vahlen.

Sill, F. (2009). *Controllerbereichserfolg aus Sicht des Managements*. Gabler Fachverlag.

Taylor, A. (2017). *We shouldn't always need a "Business case" to do the right thing*. Harvard Business Review. https://hbr.org/2017/09/we-shouldnt-always-need-a-business-case-to-do-the-right-thing. Zugegriffen am 22.05.2024.

von Werder, A. (1998). *Grundlagen der Effizienzbewertung organisatorischer Strukturen*. Diskussionspapier 1998/15 der Wirtschaftswissenschaftlichen Dokumentation der Technischen Universität Berlin.

von Werder, A., & Grundei, J. (2000). *Organisation des Organisationsmanagements: Gestaltungsalternativen und Effizienzbewertung*. In E. v. Frese (Hrsg.), *Organisationsmanagement. Neuorientierung der Organisationsarbeit* (S. 97–141). Schäffer-Poeschel.

Wilson, B. T. (2018). *The science of compliance: Why ethical companies make more money, drive nicer cars and live in better neighborhoods*, Advocate, Jan. 2018.

Entwicklung des Compliance-Erfolgsmodells

> **Was Sie aus diesem Kapitel mitnehmen**
> - Stellhebel erfolgreicher Corporate Compliance
> - Finanzielle und nicht-finanzielle Aspekte des Unternehmenserfolgs
> - Messbarkeit des Unternehmenserfolgs
> - Verbesserungspotenziale und Anpassungsbedarf von Corporate Compliance
> - Herausforderungen und Ziele von Corporate Compliance in der Praxis

Dieses Kapitel umfasst die einzelnen Schritte zur Entwicklung des Compliance-Erfolgsmodells. Diese wurde mittels einer systematischen Literaturanalyse sowie mehrerer Fallstudien entwickelt. Abschließend wurde eine Umfrage durchgeführt, deren Daten mittels Strukturgleichungsmodellen ausgewertet wurden.

Compliance-Erfolg aus Praxisperspektive

Im Rahmen der qualitativen Projektphase geht es darum, ein fundiertes Verständnis der Praxissicht auf die Definition von Compliance und potenzieller Erfolgsfaktoren der Compliance zu erlangen. Ziel dieser Phase ist es, ein erstes, exploratives Forschungsmodell mit vermuteten Ursache-Wirkungsbeziehungen zwischen Stellhebeln der Compliance, dem Compliance-Erfolg und dem Unternehmenserfolg zu entwickeln. Dazu wurden 14 Interviews mit Unternehmensvertretenden aus den Sektoren Gastgewerbe (Catering), Banken, Versicherungen und Industrie/verarbeitendes Gewerbe durchgeführt. Damit die Interviewpartnerinnen und Interviewpartner eine genügend breite, differenzierte Perspektive auf Compliance gewähren konnten, wurden sie aufgrund verschiedener Funktionen im Unternehmen ausgewählt. Die Interviews wurden mit folgenden Personen bzw. Funktionen durchgeführt:

- (Head) Corporate Compliance Officer
- (Group) Risk Officer
- (Head) Procurement Officer
- (Head) Risk Officer,
- Corporate Compliance und Insurance
- (Senior) Legal Officer
- (Senior) Manager Internal Audit
- (Head) Country Manager
- Chief Executive Officer (CEO)
- Chief Financial Officer (CFO) und
- (Head) Operating Officer.

Der Interviewleitfaden wurde vom Projektteam in einem mehrstufigen, iterativen Verfahren entwickelt. Als Basis diente das konzeptionelle Forschungsmodell mit den drei Variablengruppen „Corporate Compliance", „Effektivität und Effizienz" sowie „Unternehmenserfolg". Entlang dieser Gruppen wurden anhand einer systematischen Literaturanalyse mehrere Themenbereiche identifiziert, die den einzelnen Themenblöcken zugeordnet wurden. In einem nächsten Schritt wurden diese Themenblöcke durch die Formulierung von konkreten Fragen inhaltlich operationalisiert und überprüfbar gemacht. Das Projektteam hat den Fragebogen in mehreren Feedbackrunden im Rahmen von qualitativen Pre-Tests mit Vertreterinnen und Vertreter aus Praxis und Wissenschaft strukturiert, diskutiert und bereinigt.

Der Einstieg in die Interviews erfolgte über drei Fragen, die sich auf die Position und den Werdegang der Interviewten, auf die Definition von Corporate Compliance sowie auf die Frage nach den Verantwortlichkeiten für Corporate Compliance beziehen. Der zweite Fragenblock fokussierte auf die Ziele von Corporate Compliance. Die Interviewpartnerinnen und Interviewpartner sollten aus ihrer Sicht erklären, welches die Aufgaben und die Ziele von Corporate Compliance sind; ob diese mit dem normativen Rahmen der Unternehmen übereinstimmen, welche Zielkonflikte es mit Corporate Compliance gibt und wo mögliche Verbesserungspotenziale liegen, damit die Corporate Compliance-Ziele besser erreicht werden können.

Der dritte Fragenblock konzentrierte sich auf die Effektivität und Effizienz von Corporate Compliance, wobei insbesondere die Frage nach potenziellen USPs (Alleinstellungsmerkmalen) bzw. Erfolgsfaktoren der Corporate Compliance im Fokus stand. Es folgte der vierte Fragenblock zum Unternehmenserfolg und zum Wertbeitrag der Corporate Compliance.

Der Interviewleitfaden wurde mit einem Fragenblock zum Thema Organisation und Relevanz von Corporate Compliance abgeschlossen. Diese Fragen wurden, durch den situativen Kontext bedingt, in einigen Interviews flexibel vorgezogen oder an einer anderen Stelle des Interviews gestellt.

Abb. 1 stellt die Kernergebnisse der Auswertung der Interviews zusammenfassend dar. Die bislang durch dieses qualitativ-explorative Verfahren identifizierten Erfolgsfaktoren befinden sich links in Abb. 1; sie können potenziell einen positiven Einfluss auf den Erfolg von Corporate Compliance haben (vgl. Mitte links in Abb. 1). Dies kann wiederum dazu führen, dass die vorökonomischen (Mitte rechts in der Grafik) sowie die ökonomischen Ziele (rechts in der Abb. 1) des Unternehmens positiv beeinflusst werden und der Unternehmenswert dadurch gesteigert wird.

Nachfolgend werden wichtige Dimensionen potenzieller Erfolgsfaktoren der Compliance vorgestellt. Ebenso wird aufgezeigt, wie das

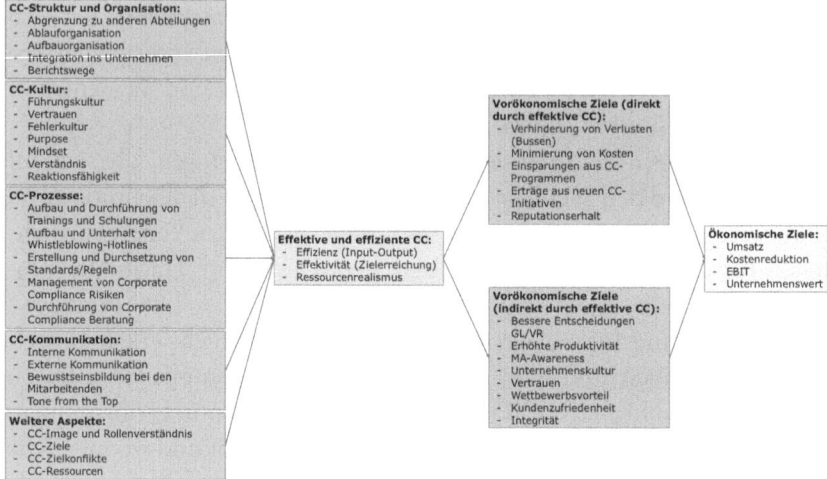

Abb. 1 Kernergebnisse der Interviews zu potenziellen Erfolgsfaktoren von Corporate Compliance. (Eigene Darstellung)

Verständnis von „Unternehmenserfolg" für das vorliegende Projekt definiert wurde und wo in der Praxis wesentlicher Verbesserungsbedarf der Corporate Compliance identifiziert wurde.

Corporate Compliance-Struktur und Organisation

Ein möglicher Erfolgsfaktor von Corporate Compliance kann die Struktur und die unternehmensinterne Organisation sein. Nachfolgend wird deshalb erläutert, wie Corporate Compliance in den befragten Unternehmen strukturell organisiert ist. Dabei wird Corporate Compliance in einem ersten Schritt zu anderen Abteilungen und Funktionen abgegrenzt. In einem zweiten Schritt wird zwischen der Ablauf- und Aufbauorganisation unterschieden, wobei beide Aspekte aufgezeigt werden.

Corporate Compliance hat viele Schnittstellen zu anderen Abteilungen und arbeitet insbesondere bei der Bewältigung von unternehmensspezifischen Herausforderungen inhaltlich oftmals eng mit diesen zusammen. Corporate Compliance lässt sich klar von anderen Abteilungen abgrenzen:

- Abgrenzung zur Abteilung „Legal Compliance": Legal Compliance ist in der Regel weniger stark in das Tagesgeschäft eingebunden, da diese Abteilung für die Klärung von spezifischen Rechtsthemen verantwortlich ist.
- Abgrenzung zur Abteilung „Risikomanagement": Die Abteilung Risikomanagement umfasst im Vergleich zu Corporate Compliance inhaltlich zusätzliche Themen und ist somit breiter gefasst; oftmals ist Corporate Compliance organisatorisch in die Abteilung Risikomanagement eingebunden und somit darin integriert.
- Abgrenzung zur Abteilung „Interne Revision": Die interne Revision hat als dritte Verteidigungslinie einen anderen Fokus als die Corporate Compliance und übernimmt unabhängige, objektive Prüfungs- und Beratungsaktivitäten im Unternehmen.

Ferner gibt es auch innerhalb der Corporate Compliance weitere Differenzierungen: Während die operative Compliance vorwiegend für den Erlass und die Umsetzung technischer Vorschriften zuständig ist, werden gewisse themenspezifische Aufgaben wie z. B. die Anti-Geldwäschereimeldungen direkt vom Front Office bearbeitet. Die Interviewergebnisse machen auch deutlich, dass Corporate Compliance als „Second Line" eine unabhängige Funktion gegenüber dem Business einnimmt und diese auch einzunehmen hat.

Gemäß den Aussagen in den Interviews spielt es in Bezug auf die Integration der Corporate Compliance ins Unternehmen eine große Rolle, in welcher Branche die Corporate Compliance-Abteilung tätig ist. In Unternehmen, in welchen Corporate Compliance als integraler Bestandteil des Unternehmens betrachtet wird, ist diese aufgrund ihrer Kontrollfunktion stark in die unternehmensweiten Prozesse und Abläufe involviert und somit in diverse Funktionen eingebunden. Folgende Beispiele aus den Interviews zeigen die Vielfalt in Bezug auf die Ablauforganisation der Corporate Compliance:

- „Bottom-Up Approach": Neue unternehmensinterne Regelwerke werden oft aufgrund eines in der Vergangenheit entstandenen Problems ausgearbeitet. Das Regelwerk entsteht somit in der Regel erst im Nachgang an einen Corporate Compliance relevanten Vorgang. Dies wurde in den Interviews als „Bottom-Up Approach" bezeichnet.

- Zusammenarbeit Corporate Compliance und interner Revision: Die beiden Abteilungen tauschen sich regelmäßig aus und es ist wichtig, dass gewisse Sonderthemen rechtzeitig durch die interne Revision geprüft werden.
- „Outsourcing": Gewisse Aufgaben, wie zum Beispiel die Whistleblowing-Hotline, werden outgesourct.

Weiter haben die Interviews die folgenden Ergebnisse in Bezug auf die Aufbauorganisation ergeben:

- Die Corporate Compliance-Abteilung ist entweder als klassische Stabsstelle oder als Matrixorganisation aufgebaut.
- Gewisse Corporate Compliance-Abteilungen verfügen über einen klassischen Compliance Officer, andere nicht.
- Corporate Compliance ist teilweise dem Chief Legal Officer unterstellt.
- Innerhalb der Corporate Compliance-Abteilung werden die Aufgaben oftmals nach Spezialisierungen bzw. nach Themen wie z. B. Datenschutz oder Korruption aufgeteilt.
- Je nach Größe des Unternehmens ist Corporate Compliance auch global (Corporate Level) bzw. regional/lokal (Regional Level) organisiert, sodass in mehrere Ländern Corporate Compliance-Abteilungen vorhanden sind. In diesen Konstellationen existieren dann verschiedene Komitees, Gremien oder Gruppen, welche auf unterschiedlichen Levels die Corporate Compliance leiten.
- Compliance Komitee: Risiken werden regelmäßig in Ausschüssen bzw. in Compliance Komitees diskutiert, wobei diese sowohl regional als auch global organisiert sein können.

Ein weiterer wichtiger Punkt für die Interviewpartnerinnen und Interviewpartner war die Vernetzung und Zusammenarbeit und somit die Integration von Corporate Compliance im Unternehmen. Zum einen muss das Unternehmen so organisiert sein, dass innerhalb des Unternehmens eine Vernetzung mit Corporate Compliance möglich ist. Zum anderen ist auch die aktive Zusammenarbeit über sämtliche Hierarchiestufen innerhalb des Unternehmens zu fördern. Dies ist eine Voraussetzung dafür, dass Corporate Compliance näher an das „Business" herankommt und dadurch das Geschäftsmodell (besser) versteht; nur so kann Corporate Compliance auf Business-spezifische Fallstricke aufmerksam machen und passende Lösungen erarbeiten.

In Bezug auf die Berichtswege haben die Interviews ergeben, dass Corporate Compliance relevante Themen oftmals in Zusammenarbeit mit unterschiedlichen Abteilungen (z. B. Legal, Human Resources) und Funktionen (CEO, Aufsichtsorgan, oberes Management) besprochen werden. In einem Beispiel wurde erwähnt, das mindestens vier Mitglieder der Geschäftsleitung [Vorstand] im Corporate Compliance-Bereich mitarbeiten, was einen aktiven Austausch ermöglicht. Das Aufsichtsorgan delegiert die Corporate Compliance-Verantwortung oftmals an einen Unterausschuss oder an ein Komitee. Dieses Komitee (auf Stufe Verwaltungsrat [Aufsichtsorgan] und/oder Geschäftsleitung [Vorstand]) berichtet sodann auf regelmäßiger Basis an die Verwaltungsrätin bzw. den Verwaltungsrat. Vielfach besteht ein direkter Berichtsweg zwischen dem Head of Corporate Compliance/Legal und dem CEO oder dem CFO. Existieren regionale Corporate Compliance-Abteilungen, dann erhalten diese die Informationen, welche auf Corporate Level ausgearbeitet wurden.

Corporate Compliance-Kultur

Das nachfolgende Kapitel widmet sich der Corporate Compliance-Kultur, welche einem weiteren potenziellen Stellhebel erfolgreicher Compliance darstellen kann. Es wird nachfolgend aufgezeigt, welche Aspekte in Bezug auf die Corporate Compliance-Kultur von den Interviewpartnerinnen und Interviewpartner als besonders wichtig erachtet werden.

Die Führungskultur scheint sowohl für den Erfolg von Corporate Compliance selbst wie auch für den Unternehmenserfolg zentral zu sein. Ein Unternehmen kann nur erfolgreich sein, wenn die Führungsebene die Relevanz, die Notwendigkeit und den Mehrwert der Corporate Compliance versteht und diese in ihre Führungskultur integriert. Damit eine entsprechende Führungskultur aufgebaut werden kann, muss sich die Unternehmensleitung zu Corporate Compliance verpflichten (i. S. v. „Management-Commitment"). Die Interviewauswertung zeigt, dass das

Thema Corporate Compliance vielfach in entsprechenden Gremien und Komitees vertreten ist und somit auch in der Geschäftsleitung [Vorstand] Anklang findet. Hier ist auch unbestritten, dass die Geschäftsleitung die Verantwortung für Corporate Compliance-Fehler übernehmen muss. In Bezug auf weitere Verantwortlichkeiten gehen die Antworten auseinander. Hier sehen sich Einzelpersonen in der Verantwortung, während andere Teilnehmende klar die Verwaltungsrätin bzw. den Verwaltungsrat, das Management oder das Linienmanagement als verantwortliche Instanz sehen. Es wird zudem stark zwischen lokaler und globaler Verantwortung unterschieden, da die Betrachtungsebene bzw. der Fokus von Corporate Compliance im Geschäftsalltag unterschiedlich ist.

Insbesondere bei weltweit agierenden Unternehmen befasst sich die globale Corporate Compliance stärker mit einem länderübergreifenden bzw. unternehmensweiten Ansatz zur Umsetzung der Corporate Compliance. Hingegen ist eine lokale Corporate Compliance-verantwortliche Person neben den Vorgaben aus der Unternehmenszentrale viel stärker auf ihre Region mit deren spezifischen Regularien, Gesetzen und kulturspezifischen Besonderheiten bei der Umsetzung von Corporate Compliance konzentriert.

Ein weiterer zentraler Punkt stellt das Vertrauen in die Corporate Compliance dar. In erster Linie dient die Corporate Compliance als Rückversicherung, d. h., wenn sich die Unternehmensakteure bei einem Sachverhalt im Geschäftsalltag unsicher sind, wenden sie sich an die Corporate Compliance-Verantwortlichen und klären das weitere Vorgehen. Dies erfordert zum einen Vertrauen in die Personen in der Corporate Compliance selbst; ein Interviewpartner beschrieb dieses Vertrauen mit der Frage „Wie ruhig können die Manager schlafen?". Zum anderen erfordert es aber auch Vertrauen in die Corporate Compliance-Prozesse in dem Sinne, dass, wenn sich Mitarbeitende an die Corporate Compliance wenden, das Anliegen schnell und adäquat behandelt, bearbeitet bzw. gelöst wird.

Wenn die Unternehmensakteure das entsprechende Vertrauen in die Corporate Compliance haben, wenden sie sich an diese, bevor überhaupt eine Corporate Compliance-relevante Situation entsteht. Dies ist elementar, damit Corporate Compliance ihre Wirkung entfalten kann. Gefördert wird das Vertrauen auch durch das Verhalten der Führungskräfte.

Zeigen und kommunizieren die Führungskräfte aktiv, dass sie der Corporate Compliance vertrauen, unterstützt dies die Vertrauensbildung im gesamten Unternehmen. Dadurch wird der Einbezug von Corporate Compliance im Unternehmensalltag zur Normalität. Das fördert zudem auch die „Speak Up Culture", d. h., wenn das Vertrauen in die Corporate Compliance gefestigt ist, sind die Unternehmensakteure auch mutig genug, Herausforderungen offen anzusprechen oder bei Unsicherheiten bzw. Unregelmäßigkeiten entsprechend nachzufragen.

Die Fehlerkultur stellt einen weiteren wichtigen Stellheben von Corporate Compliance-Erfolg dar. Überall dort, wo Menschen (insbesondere in exponierten Feldern) arbeiten, geschehen natürlicherweise Fehler. Wenn das Unternehmen einen größeren Corporate Compliance-Fall erleben musste und darunter entsprechend gelitten hatte (das Team, die Vorgesetzten, etc.), dann kann dies auch eine positive Auswirkung auf die Corporate Compliance haben. Zentral ist, dass die Fehler aufgearbeitet werden und dass sich somit ein Lerneffekt im Sinne von „Lessons Learned" einstellt (z. B., „was ist geschehen?", oder „was würden wir das nächste Mal anders machen?").

Weiter sehen die Interviewpartnerinnen und Interviewpartner einen möglichen Stellhebel darin, falls Corporate Compliance von allen Mitarbeitenden als relevanten Bestandteil des Unternehmens betrachtet wird und die Mitarbeitenden verstehen, weshalb es Corporate Compliance braucht. Dies kann als so genannter „Purpose" („Reason Why") verstanden werden, der verhindert, dass das Gefühl aufkommt, Corporate Compliance sei unnötig (oder ein reiner Kostenfaktor). Die Interviews haben aber auch klar gezeigt, dass Corporate Compliance häufig nicht in Frage gestellt wird und es allen Beteiligten im Unternehmen klar ist, dass es Corporate Compliance benötigt.

Wichtig ist weiter, dass das Unternehmen die richtigen Fach- und Führungskräfte rekrutiert, sowohl im Bereich Corporate Compliance wie auch sonst. Verantwortungsbewusste Mitarbeitende helfen mit, sichere Geschäfte für das Unternehmen abzuschließen bzw. sichere Geschäftsbeziehungen einzugehen. Ausschlaggebend ist hier der Mindset jedes einzelnen Mitarbeitenden. Nur wenn sich alle Mitarbeitenden für Corporate Compliance einsetzen, kann diese erfolgreich sein. Es hilft, wenn es in der gesamten Unternehmung ein gemeinsames Problembewusstsein gibt und dieselbe Sprache gesprochen wird. Die Mitarbeitenden müssen verstehen, dass Corporate Compliance für das Unternehmen notwendig ist, denn nur so können erfolgreich Geschäfte gemacht werden.

Ein gemeinsames Verständnis aller Mitarbeitenden für Corporate Compliance könnte einen weiteren Erfolgsfaktor darstellen. Die Interviews haben ergeben, dass dieses gemeinsame Verständnis heute oftmals noch fehlt. Als mögliche Gründe dafür wurden die folgenden Punkte genannt:

- Die Mitarbeitenden beziehen Corporate Compliance primär auf vergangene Vorfälle, welche nicht hätten passieren dürfen; es werden somit konkrete Beispiele genannt, aber das allgemeine Verständnis ist (noch) nicht vorhanden.
- Die Mitarbeitenden befassen sich vor allem mit denjenigen Themen, welche direkt ihre Abteilung betreffen und interessieren sich somit weniger für die unternehmensweite Corporate Compliance-Strategie.
- Die wachsende Komplexität von Corporate Compliance führt dazu, dass viele Mitarbeitende Schwierigkeiten damit haben, das Thema umfassend zu verstehen.
- Die fehlende Möglichkeit, Corporate Compliance zu messen, trägt ebenfalls dazu bei, dass die Mitarbeitenden Schwierigkeiten haben, sich etwas unter dem Thema Corporate Compliance vorstellen zu können.
- Die Vorgaben und Richtlinien der Behörden sind nicht immer klar formuliert; es gibt teilweise auch keine Bezugsgrößen, wie beispielsweise Konkurrentinnen und Konkurrenten bestimmte Richtlinien umsetzen, sodass jedes Unternehmen eine eigene Lösung ausarbeiten muss.

Damit ein gemeinsames Verständnis für Corporate Compliance geschaffen werden kann, müssen Silos aufgebrochen und neue Kommunikationskanäle zwischen den Abteilungen und Funktionen geschaffen werden.

Die Reaktionsfähigkeit der Corporate Compliance stellt einen weiteren möglichen Faktor für den Erfolg von Corporate Compliance dar. In den Interviews wurde erwähnt, dass zum Beispiel die Corona-Pandemie erfordert hat, sich mit neuen Geschäftsmöglichkeiten zu beschäftigen. Das heißt, wenn ein Unternehmen aufgrund von veränderten Marktbedingungen neue Geschäftsfelder erschließt, müssen oft auch neue Corporate Compliance-Themen in kurzer Zeit berücksichtigt werden. Es hilft, wenn Corporate Compliance in der Umsetzung von neuen Initiativen agil ist und schnell auf aktuelle Entwicklungen reagieren kann. Corporate Compliance kann die Unternehmen befähigen, zukunftsfähig zu bleiben, indem auf neue („Emerging") Themen frühzeitig aufmerksam gemacht und die richtigen Weichen gestellt werden.

In Bezug auf die Reputation haben die Interviews ergeben, dass es natürlich wichtig sei, dass das Unternehmen nicht aufgrund eines Skandals in den Medien erscheine. Ferner sei das Image des Unternehmens ein wichtiger Wert, wenn auch nicht in Form von Zahlen.

Corporate Compliance-Prozesse

Es gibt einige Prozesse, welche mögliche Erfolgsfaktoren von Corporate Compliance sein könnten. Die in den Interviews identifizierten Prozesse werden nachfolgend beschrieben.

Die Organisation und die Durchführung von Trainings und Schulungen für Mitarbeitende ist ein wichtiger Corporate Compliance-Prozess. Die Mitarbeitenden sollen für das Thema Corporate Compliance sensibilisiert werden. Ferner soll eine positive Grundeinstellung der Mitarbeitenden in Bezug auf Corporate Compliance gefördert werden und die Mitarbeitenden sollen eine kritische Haltung in Bezug auf ihre Tätigkeiten einnehmen. Wichtig ist, dass alle Mitarbeitenden ab Beginn ihrer Tätigkeit im Unternehmen für das Thema Corporate Compliance sensibilisiert werden. Als negativ werden Corporate Compliance-Trainings beschrieben, welche von externen Unternehmen angeboten werden. Diese seien stark von internationalen Normen geprägt und beschrieben oftmals Probleme, welche für das Unternehmen nicht relevant seien. Ebenfalls sind generische Trainings, welche für alle Mitarbeitenden entwickelt werden, nicht sehr beliebt und somit auch nicht zielführend.

Ein weiterer wichtiger Corporate Compliance-Prozess stellt der Aufbau und der Unterhalt von Whistleblowing-Hotlines dar. Mitarbeitenden, und teilweise auch Lieferanten und Lieferantinnen, wird dadurch die Möglichkeit geboten, Fehlverhalten oder Missstände (anonym) zu melden. Die Bearbeitung von solchen Meldungen stellt eine Aufgabe von Corporate Compliance dar. Bei den Ermittlungen und Investigationen geht es darum, dass gewisse Vorfälle im Unternehmen durch Corporate Compliance genauer untersucht werden. Hier geht es z. B. um Hinweise zu bestimmten Fehlverhalten von einzelnen Unternehmensakteurinnen und Unternehmensakteuren. Entsprechend müssen diese Hinweise von Corporate Compliance ernst genommen und überprüft werden. Bestätigt sich der Verdacht des Fehlverhaltens aufgrund der durchgeführten Ermittlungen, d. h. es gibt Beweise dafür, müssen angemessene Sanktionen getroffen werden. Je nach Schwere des Fehlverhaltens kann dies bis hin zur Entlassung des Mitarbeitenden gehen.

Corporate Compliance ist dafür verantwortlich, interne Regelwerke (wie z. B. den „Code of Conduct") zu erstellen, um den Mitarbeitenden die notwendigen Materialien zur Sensibilisierung und zur Information zur Verfügung zu stellen. Zudem gehört es zu den Aufgaben von Corporate Compliance, die Einhaltung von internen wie auch externen Regeln zu fördern und deren Einhaltung zu überprüfen. Corporate Compliance hat je nach Branche verschiedene Themenschwerpunkte in Bezug auf die Erstellung von Standards und Regeln. In der Catering-Branche spielen beispielsweise „Food Safety" sowie Hygiene eine bedeutende Rolle.

In der Finanzbranche werden hingegen gewisse Transaktionen speziell kontrolliert. Weitere bankenspezifische Corporate Compliance-Aufgaben sind beispielsweise das Einholen von detaillierten Informationen in Bezug auf Beziehungen mit der Kundschaft sowie die Bearbeitung von Meldungen bezüglich Geldwäschereiprävention. Nebst den Branchenanforderungen müssen zudem auch die Anforderungen der Kundschaft erfüllt werden. Die folgende Aufzählung soll beispielhaft verdeutlichen, in welchen Themenbereichen die Erstellung und Durchsetzung von Standards und Regeln gemäß den Interviewpartnerinnen und Interviewpartner besonders wichtig ist:

- Korruption, Bestechung, Betrug: Was früher vielleicht noch in Ordnung war, ist heute verboten. Es ist deshalb wichtig, dass entsprechende Richtlinien erlassen werden, damit die Mitarbeitenden

verstehen, welches Verhalten toleriert wird und welche Grenzen einzuhalten sind. Dies beispielsweise in Bezug auf die Annahme von Geschenken.
- Geldwäscherei: Im Zusammenhang mit Geldwäscherei ist es sinnvoll, dass entsprechende Check-Listen ausgearbeitet werden, um Unregelmäßigkeiten schnellstmöglich zu entdecken.
- Arbeitsrecht: In Bezug auf das Arbeitsrecht ist es wichtig, dass die lokalen Gegebenheiten beachtet werden. Während das Arbeitsrecht in (Nord-)Amerika und Europa beispielsweise stark ausgeprägt ist, gibt es nach wie vor Länder und Regionen (beispielsweise Indien oder Afrika), in welchen das Arbeitsrecht zwar auf Corporate Compliance-Ebene definiert ist, die Arbeitswelt dies jedoch nicht widerspiegelt.
- Nachhaltigkeit: Es ist sinnvoll, wenn die Unternehmen klare und verbindliche Corporate Social Responsibility-Richtlinien (CSR) und Kriterien formulieren. In sämtlichen der befragten Branchen hat das Thema Nachhaltigkeit eine wachsende Bedeutung und Wichtigkeit.
- Datenschutz: Für die Unternehmen sind die Änderungen des Datenschutzes sowohl in der EU als auch der Schweiz wichtig. Eine große Herausforderung besteht darin, diese Änderungen nicht nur in der Corporate Compliance wiederzugeben, sondern auch proaktiv zu steuern. Es geht unter anderem um die Frage, welche Daten getrackt werden können. Auch hier zeigt sich, dass Corporate Compliance nicht als isoliertes Thema betrachtet werden kann, da verschiedene Abteilungen und Funktionen (beispielsweise der Data Protection Officer) an die Corporate Compliance rapportieren.

Das Managen von Corporate Compliance-Risiken kann ebenfalls dem Aufgabenbereich von Corporate Compliance zugeordnet werden. Die Identifikation, die Analyse und die Bewertung der Risiken erfolgt häufig in Zusammenarbeit mit dem Risikomanagement. In Bezug auf das Management der Risiken gilt es zu entscheiden, welche Risiken für das Unternehmen tragbar/tolerierbar sind und welche Risiken wie zu bewältigen sind.

Ein weiterer wichtiger Punkt ist die Corporate Compliance-Beratung, d. h. die Corporate Compliance nimmt eine Beratungsfunktion im Unternehmen ein. Die Unternehmensakteurinnen und Unternehmensakteure können Corporate Compliance jederzeit mit Unsicherheiten und/oder Problemen konfrontieren und ihre konkreten Fälle diskutieren. Corporate Compliance gibt Tipps und erarbeitet gemeinsam mit den Unternehmensakteurinnen und Unternehmensakteure Lösungen, damit es zu keinen Corporate Compliance-Vorfällen kommt. Dabei können unterschiedliche Meinungen und Lösungsansätze existieren. Hier ist es wichtig, zu einer gemeinsamen Lösung für das Unternehmen zu kommen. Corporate Compliance liefert den Mitarbeitenden mit ihrer Beratungsleistung eine gewisse Sicherheit für die erfolgreiche Erledigung ihrer Aufgaben. Durch die Beratung kann Corporate Compliance als gute Partnerin und als „Enabler" im Businessalltag gesehen werden. Diese partnerschaftliche Zusammenarbeit erleichtert den Geschäftsalltag.

Corporate Compliance-Kommunikation

Sämtliche Themen im Zusammenhang mit der Kommunikation sind ebenfalls mögliche Erfolgsfaktoren von Corporate Compliance. Die Interviewpartnerinnen und Interviewpartner sind sich einig, dass sich die Kommunikation über die Jahre verbessert hat. Nachfolgend wird beschrieben, auf welchen unterschiedlichen Ebenen die Interviewpartnerinnen und Interviewpartner die Kommunikation wahrnehmen.

Zentral ist, dass wichtige Informationen einfach zugänglich und klar verständlich sind. Ferner sollten Learnings offen und transparent kommuniziert werden, damit aus vergangenen Fehlern etwas Positives abgeleitet werden kann. Es kann helfen, wenn das Unternehmen eine interne Helpline für Corporate Compliance-Fragen anbietet. Dies gibt den Mitarbeitenden die Möglichkeit, Fragen rasch zu klären und das weitere Vorgehen mit Corporate Compliance abzusprechen. In Bezug auf die Häufigkeit der internen Kommunikation existieren unterschiedliche Möglichkeiten. Während es in gewissen Unternehmen tägliche Meetings gibt, bei welchen Corporate Compliance-Fragen besprochen werden, existieren in anderen wöchentliche bis monatliche bzw. quartalsweise Sitzungen dazu. In anderen Unternehmen können die Mitarbeitenden ad-hoc in den Besprechungen (auch) Corporate Compliance-Themen einbringen. Für die Publikation von (neuen) Corporate Compliance-

Vorschriften werden verschiedene Kanäle genutzt (z. B. E-Mails, Intranet, Meetings, schwarzes Brett, Poster, ausgedruckte Reports).

Bei Unternehmen, welche in mehreren Ländern über Corporate Compliance-Abteilungen verfügen, besteht eine weitere Herausforderung in Bezug auf die interne Kommunikation. Es entstehen oftmals zwei verschiedene Informationskanäle, einer auf Konzern- und einer auf regionaler Ebene. Der Informationsfluss kann dann sehr unterschiedlich sein; standardisierte Prozesse könnten hier Abhilfe verschaffen.

Die externe Kommunikation ist stark abhängig von der jeweiligen Branche. Wichtig ist auch hier, dass die Kommunikation transparent, offen und direkt erfolgt. Zudem haben die meisten Unternehmen mittlerweile eine Corporate Compliance-Sparte auf ihrer Homepage, wo sie ihre Reports, die Ziele und weitere Themen veröffentlichen. Ausserdem werden Lieferanten, Kundinnen und Kunden und andere Geschäftspartnerinnen und Geschäftspartner über die interne Corporate Compliance aufgeklärt und müssen sich, je nach Unternehmen, schriftlich verpflichten, diese ebenfalls einzuhalten.

Als weiterer Erfolgsfaktor wurde die Bewusstseinsbildung bzw. die Sensibilisierung der Mitarbeitenden in Bezug auf Corporate Compliance-Themen genannt. Eine solche Bewusstseinsbildung findet z. B. statt, indem neue Mitarbeitende eine Einführung bekommen und ihnen Zugang zu den relevanten Richtlinien gewährt wird, obligatorische Trainings durchgeführt werden und Fälle, die einen Lernaspekt aufweisen, innerhalb des Unternehmens geteilt werden. Mithilfe dieser Maßnahmen wollen die Unternehmen Transparenz schaffen und sich gleichzeitig als lernende Organisation positionieren.

Auch ein regelmäßiger Austausch zwischen Mitarbeitenden zum Thema Corporate Compliance sowie eine „Voice from the top" wird als wichtig angesehen, um das Bewusstsein zu stärken. Trotzdem ist es nach wie vor eine Herausforderung, die Themen der Corporate Compliance transparent an die Mitarbeitenden weiterzugeben; es besteht Verbesserungspotenzial in diesem Bereich. Es ist ferner von Bedeutung, dass die Erwartungen an die Mitarbeitenden in Bezug auf ihre Rollen klar kommuniziert werden. Die Mitarbeitenden werden dazu angehalten, Unregelmäßigkeiten aktiv im Unternehmen anzusprechen. Dies fördert einen Dialog im Unternehmen und erhöht die Sichtbarkeit von Corporate Compliance-Themen. Dabei ist ein gewisser operativer Pragmatismus im Geschäftsalltag förderlich.

Der „Tone from the Top" spielt eine entscheidende Rolle bei der Wahrnehmung und Umsetzung der Corporate Compliance, da er die im Unternehmen etablierten Corporate Compliance-Strukturen und Prozesse widerspiegelt. Dies bedeutet, dass die Verwaltungsrätin bzw. der Verwaltungsrat sowie die Geschäftsleitung ihr Bekenntnis zu Corporate Compliance klar und umfassend im Unternehmen kommunizieren und dass rechtskonformes Verhalten in diesen beiden Gremien beginnen muss. Für die Interviewten stellt der „Tone from the Top" den kleinsten gemeinsamen Nenner im Unternehmen dar und bildet damit die Basis für eine gute Corporate Compliance. Wird Corporate Compliance aktiv durch die Führungsebene unterstützt, zeigt dies ein klares Bekenntnis zum Thema. Dies ist förderlich für das Entstehen einer entsprechenden Corporate Compliance-Kultur im Unternehmen.

Rollenverständnis und Ziele der Corporate Compliance

Im Rahmen der Interviews wurden weitere mögliche Erfolgsfaktoren identifiziert, die sich insbesondere auf das sich ändernde Rollenverständnis und die Zielsetzungen der Corporate Compliance beziehen. Diese werden nachfolgend erläutert.

Während Corporate Compliance früher eher als Barriere und somit unter Umständen als unwichtig klassifiziert wurde, hat sich die Wahrnehmung in den letzten Jahren deutlich verbessert. Die Interviews machen deutlich, dass die Mitarbeitenden Corporate Compliance heutzutage als wichtig und notwendig erachten und eine vorwiegend positive Einstellung gegenüber Corporate Compliance haben. Corporate Compliance wird als wertvolle Partnerin für andere Abteilungen anerkannt. Mitarbeitende schätzen es, dass sie durch Corporate Compliance auf allfällige Probleme und Themen vorbereitet werden und dadurch eine Anlaufstelle für Fragen haben.

Aufgrund des wandelnden Rollenverständnis von Corporate Compliance haben sich auch die Anforderungen an die Mitarbeitenden in diesem Bereich verändert. Unternehmen suchen deshalb vermehrt Mitarbeitende mit unterschiedlichen (beruflichen) Hintergründen, damit verschiedene Sichtweisen abgedeckt werden können. Dies auch, weil der moderne Corporate Compliance Officer das Geschäftsfeld des Unternehmens gut verstehen muss. Ist das Unternehmen beispielsweise in der Bankenindustrie tätig, hat der Corporate Compliance Officer zu verstehen, wie die verschiedenen Finanzprodukte funktionieren. Ferner ist es wichtig, dass die Mitarbeitenden über gewisse strategische Fähigkeiten verfügen, da sich Corporate Compliance auf der Grundlage der Unternehmensstrategie ebenfalls weiterentwickeln muss.

Bei der Frage nach den Zielen von Corporate Compliance wurden viele unterschiedliche Aspekte von den Interviewpartnerinnen und Interviewpartner erwähnt. Häufig wurden die Einhaltung und die Überprüfung von internen und externen Regularien als Ziel genannt. Unternehmen müssen sich an Gesetze und Regularien sowie an die internen Richtlinien halten. Wichtig ist, dass die Einhaltung regelmäßig überprüft wird, damit das Unternehmen „compliant" ist.

Ein weiteres Ziel stellt der Schutz vor Haftungsrisiken und das Abwenden von eventuell eintretenden Schäden für das Unternehmen dar. Damit einher geht auch die Implementierung von geeigneten Präventionsmaßnahmen, welche, in Kombination mit dem intensiven Einbezug von Corporate Compliance in alle relevanten Entscheidungsbereiche, rechtzeitig mögliche Schäden vom Unternehmen abwenden kann.

Die Sicherung und die Verbesserung der Reputation des Unternehmens kann als weiteres Ziel genannt werden. Corporate Compliance hilft, den Anspruchsgruppen und der Öffentlichkeit ein positives Bild des Unternehmens vermitteln zu können.

Damit verbunden ist auch das Ziel der Sicherstellung der Überlebensfähigkeit des Unternehmens. Sobald sich ein Corporate Compliance-Vorfall verwirklicht, distanzieren sich gewisse Zuliefernde sowie die Kundschaft vom Unternehmen. Corporate Compliance trägt somit wesentlich zum Ziel der Sicherung der Überlebensfähigkeit des Unternehmens bei. Daher ist die Überlebensfähigkeit nicht nur ein generelles Unternehmensziel, sondern auch ein Ziel der Corporate Compliance.

Ein weiteres Ziel ist die Unterstützung der Corporate Compliance-Prozesse in allen Ländern, in denen das Unternehmen tätig ist. Dazu gehört auch die Etablierung und Weiterentwicklung eines Corporate Compliance-Rahmenwerks, welches auf das jeweilige Unternehmen individuell angepasst ist.

Als weiteres Ziel kann die Sicherstellung des richtigen Verhaltens der Unternehmensakteurinnen und Unternehmensakteure im Geschäftsalltag genannt werden. Die aktive Förderung der Aufmerksamkeit für Corporate Compliance-Themen gehört zu den Zielen von Corporate Compliance. Damit einher geht die Förderung einer „Speak Up Culture" im Unternehmen, d. h. alle Unternehmensakteurinnen und Unternehmensakteure werden aktiv dazu ermutigt, auffälliges Verhalten zu melden bzw. dies im Unternehmen anzusprechen. Nur so können Corporate Compliance-Vorfälle bzw. Fehlverhalten frühzeitig zu unterbinden und Transparenz im Unternehmen geschaffen werden („Smart Together").

Einige Unternehmen integrieren Corporate Compliance zudem in den individuellen Zielvereinbarungsprozess. Dies fördert die Verankerung der Corporate Compliance in den Köpfen der Unternehmensakteurinnen und Unternehmensakteure. Jeder muss sich intensiv mit seinen persönlichen Zielen auseinandersetzen und seine persönlichen Corporate Compliance-Ziele formulieren.

Im Unternehmensalltag können Zielkonflikte zwischen den verschiedenen Abteilungen, Bereichen und Funktionen entstehen. Ein Spannungsfeld ergibt sich dann, wenn beispielsweise die Vertriebsabteilung Ziele hat, die schwierig mit Corporate Compliance zu vereinbaren sind. In diesem Beispiel hat die Vertriebsabteilung das Ziel, viel zu verkaufen und damit den Umsatz zu erhöhen. Dabei ist jede Kundin und jeder Kunde willkommen, der den Umsatz nach oben treibt. Dies steht im Widerspruch zu den Zielen der Corporate Compliance, keine Kundinnen und Kunden zu akzeptieren, die in Verbindung mit Korruption oder Geldwäscherei stehen. Nur so kann die Corporate Compliance zu einem positiven und sauberen Image beitragen. In solchen Fällen müssen die Zielvorgaben von der Unternehmensleitung entsprechend priorisiert werden. Das Geschäft kann durch die aktive Einbindung und Akzeptanz der vorhandenen Corporate Compliance trotzdem vorangetrieben werden.

Hinzu kommt, dass die Mitarbeitenden zwar die Corporate Compliance-Vorgaben kennen bzw. wissen, dass es solche gibt, diese aber im Geschäftsalltag bewusst oder aus Unkenntnis der Details ignorieren. Dies ist für viele vermeintlich einfacher und unkomplizierter bzw. lässt sich teilweise auch auf fehlende Kompetenzen und Knowhow zurückführen. Die Corporate Compliance-Vorgaben beinhalten in der Regel Aspekte wie beispielsweise das „Vier-Augen-Prinzip" oder eine zusätzliche kritische Prüfung von Vorgängen, etc. Diese Zwischenschritte können die Prozesse, wie z. B. die Überprüfung einer neuen Kundin/eines neuen Kunden, deutlich in die Länge ziehen, was eine Verzögerung der Auftragsabwicklung mit sich bringt. Allerdings sollte bedacht werden, dass durch ein Geschäft mit einer korrupten Kundin bzw. Kunden der daraus entstehende Schaden für das Unternehmen deutlich höher sein kann als die längere Überprüfungszeit bei der Entstehung der Geschäftsbeziehung. Daher muss sichergestellt werden, dass die Corporate Compliance Hand in Hand mit dem Geschäft arbeitet.

In der Regel kommt es dann zu Konflikten, wenn eine neue Kundin oder ein neuer Kunde aufgrund von Corporate Compliance abgelehnt wird. Aus diesem Sachverhalt entstehen Diskussionen, welche im Unternehmen auch auf einer höheren Führungsebene diskutiert werden müssen. Solche Entscheidungen, die „vermeintlich" gegen das Business sind, fördern das Verständnis von und die Beziehung zu Corporate Compliance nicht. Oftmals existiert zugleich noch eine gewisse Problematik in Bezug auf die Ressourcen, d. h. die Mitarbeitenden anderer Abteilungen haben häufig nicht die Zeit und die Kapazitäten, um alle Details der Corporate Compliance-Vorgaben im Geschäftsalltag zu berücksichtigen. Hier wird dann oftmals die Entscheidung zugunsten des Ziels „Geschäft vorantreiben" getroffen. Gemäß den Interviewpartnerinnen und Interviewpartner ist dieser Zielkonflikt allgegenwärtig. Abschließend ist zu erwähnen, dass der Entwicklungsstand der Corporate Compliance in den verschiedenen Ländern, in welchen die Unternehmen tätig sind, nicht vergleichbar ist. Dementsprechend können in einem Konzern auch Zielkonflikte aufgrund verschiedener Länder und Regionen entstehen.

Die zur Verfügung stehenden Ressourcen spielen für den Erfolg von Corporate Compliance eine wichtige Rolle. Sind genügend Ressourcen für Corporate Compliance vorhanden, hilft dies bei der Umsetzung von Corporate Compliance-Aktivitäten. Im Gegensatz dazu werden Corporate Compliance-relevante Aspekte oftmals aufgrund von fehlenden Ressourcen vernachlässigt. Obwohl sich die Mitarbeitenden den Corporate Compliance-Aspekten, die zum Beispiel gemäß Richtlinien eine Abklärung verlangen, bewusst sind, werden diese teilweise nicht berücksichtigt, weil dafür keine oder nur geringe Ressourcen zur Verfügung stehen.

Unternehmenserfolg

In diesem Abschnitt werden die wichtigsten Aspekte zum Thema Unternehmenserfolg aufgeführt. Die Ergebnisse zeigen, dass die Messung des Unternehmenserfolgs sowohl finanziell wie auch nicht-finanziell erfolgt. Ferner werden die Ergebnisse in Bezug auf den Wertbeitrag sowie betreffend die Verwendung von KPIs aufgezeigt.

Der Unternehmenserfolg hängt von finanziellen Zielen ab, die zum Beispiel anhand von Profitabilitätsindikatoren gemessen werden. Dabei ist auch das Unternehmenswachstum von Bedeutung. Die Interviewpartnerinnen und Interviewpartner erachten finanzielle Zahlen als notwendig; nur so sind weitere Investitionen möglich und die Aktionäre können von regelmäßigen Dividenden profitieren.

Die nicht-finanziellen Aspekte können in folgende Unterkategorien eingeteilt werden:

- Zufriedenheit von Mitarbeitenden und Kundschaft
- Wettbewerbsvorteil
- Kundenwachstum
- Innovationskraft
- Nachhaltige Beziehung zu der Kundschaft
- Unternehmenskultur
- Corporate Compliance

Gemäß den Interviewpartnerinnen und Interviewpartner ist die Zufriedenheit von Mitarbeitenden und Kundschaft ein wichtiger Aspekt für den Unternehmenserfolg, welche sich gegenseitig bedingen. Wenn Mitarbeitende in ihren Aufgaben erfüllt sind, leisten sie gute Arbeit, was sich wiederum positiv auf die Zufriedenheit der Kundschaft auswirkt.

Weiter wurde genannt, dass das Unternehmen erfolgreich ist, wenn es einen Wettbewerbsvorteil gegenüber der Konkurrenz erlangen kann.

Auch Kundenwachstum trägt zum Unternehmenserfolg bei. Zum einen kann Kundenwachstum erreicht werden, indem Loyalität der Kundschaft erzielt wird und zum anderen können neue Kundinnen und Kunden akquiriert werden, was ebenfalls zu Kundenwachstum führt. Dabei spielt die Innovationskraft des Unternehmens eine zusätzliche Rolle. Wenn am Markt einzigartige Ideen angeboten werden, ist zu erwarten, dass das Unternehmen neue Kundschaft erzielt. Auch nachhaltige Beziehungen mit Kundinnen und Kunden tragen zum Unternehmenserfolg bei. So ist es von Bedeutung, die Bedürfnisse der Kundschaft zu verstehen, um sie bei deren Erfüllung zu unterstützen. Als weitere nichtfinanzielle Aspekte wurden die Unternehmenskultur sowie Corporate Compliance genannt.

Gemäß der qualitativen Befragung besteht der Wertbeitrag von Corporate Compliance hauptsächlich in der Verhinderung von Fehlern und somit von Schäden und Vorfällen im Unternehmen. Damit hängt auch die Verhinderung von Reputations- und Imageschäden zusammen. In diesem Sinne wurde auch erwähnt, dass sich der Wertbeitrag auf die Mitarbeitenden bezieht. Corporate Compliance sollte, beispielsweise aufgrund eines positiven Images, dazu beitragen, dass potenzielle Mitarbeitende für ein Unternehmen arbeiten und schließlich auch längerfristig bei diesem Unternehmen bleiben wollen. Durch die Einhaltung von Vorschriften wird ein Wertbeitrag im Tagesgeschäft erzielt. Zudem stellt das aktive Managen von Corporate Compliance-Risiken einen Wertbeitrag dar, da sich diese Risiken bestenfalls nicht verwirklichen.

Ferner wird auch der Unternehmenserfolg als Wertbeitrag von Corporate Compliance erachtet. Normalerweise werden dabei jedoch Umsätze im Corporate Compliance-Bereich nicht gemessen. Auf langfristige Sicht soll es jedoch möglich sein, dass sich die Beiträge von Corporate Compliance in den Geschäftszahlen widerspiegeln.

Die Mehrzahl der Interviewpartnerinnen und Interviewpartner hat erläutert, dass im Bereich Corporate Compliance grundsätzlich keine KPIs vorhanden sind. Einer der Hauptgründe wird darin gesehen, dass es sehr schwierig ist, den Erfolg von Corporate Compliance zu quantifizieren. Auf der Kostenseite kann zwar beispielsweise die Höhe eines Bußgeldes gemessen werden; die tatsächlichen Konsequenzen dieser Buße für das Unternehmen sind jedoch nur sehr schwierig zu messen. Zudem ist es bislang nicht möglich, die Ertragsseite von Corporate Compliance zu messen. Dies würde zudem bedingen, dass Corporate Compliance auch außerhalb der Corporate Compliance-Abteilung gemessen wird, was als herausfordernd betrachtet wird, da die operativen Abteilungen unterschiedliche Arten von KPIs verwenden.

Es gibt folglich weder direkte Messgrößen für Corporate Compliance noch das konkret ausformulierte Ziel, dass im Bereich Corporate Compliance etwas gemessen werden sollte.

Nichtsdestotrotz verfolgen die Unternehmen bereits heute gewisse Indikatoren, welche zur Messbarkeit von Corporate Compliance beitragen. Bereits heute werden die folgenden Indikatoren ausgewertet:

- Indikator „Schulungen": In Bezug auf die Schulungen wird analysiert, welche Personen wie häufig (Anzahl der absolvierten Trainings) an den Schulungen teilgenommen haben und ob diese Schulungen bestanden wurden oder nicht. Ferner wird auch verfolgt, ob jemand die Trainings beispielsweise immer verspätet absolviert, was auf ein potenzielles Verhaltensproblem hinweisen könnte.
- Indikator „Gerichtsprozesse": Es wird analysiert, wie viele Gerichtsprozesse geführt werden und in wie vielen dieser Prozesse das Unternehmen obsiegt hat. Es werden jedoch in Bezug auf die Anzahl der zu führende Prozesse keine Ziele definiert. Es werden zudem ausnahmsweise auch gewisse weitere Indikatoren in Bereichen verfolgt, in welchen es zu möglichen Gerichtsverfahren kommen könnte. Konkrete Beispiele dazu fehlen jedoch.
- Indikator „Meldungen": Es werden die Anzahl der Meldungen an die Geldwäschereifachstelle, an die Börsenaufsicht und an die Whistleblowing-Hotline gemessen. Es wird zudem analysiert, ob es eine Zunahme oder eine Abnahme bei der Anzahl dieser Vorfälle gibt, d. h. es wird die Frage beantwortet, wie viele Corporate Compliance-Fälle entdeckt werden. Zudem werden allgemein weitere Aufgaben analysiert, welche von den Mitarbeitenden nicht richtig oder nicht zeitgerecht erledigt wurden. Sodann wird analysiert, in welcher Art und mit welcher Geschwindigkeit die Corporate Compliance-Fälle bearbeitet und abgeschlossen werden können. Dies gibt zudem eine Übersicht über das Arbeitsvolumen. Ferner werden die Weiterempfehlungen des Unternehmens als Arbeitgebender (im Internet) analysiert.

- Indikator „Internal Audit Prüfung": Die Auditresultate und Handlungsempfehlungen aus der Internal Audit Prüfung werden teilweise als KPI-ähnliche Indikatoren betrachtet, nach denen sich orientiert werden kann.
- Indikator „Key Risk Indicator": Zusätzlich zu den erwähnten Indikatoren haben mehrere Interviewpartnerinnen und Interviewpartner den Begriff „Key Risk Indicator" verwendet. Einig sind sich die Interviewpartnerinnen und Interviewpartner, dass Risiken im Corporate Compliance-Bereich nie gänzlich eliminiert werden können. Umso wichtiger ist es für die Unternehmen, dass die Corporate Compliance-Risiken sorgfältig bewertet und in einer Risiko-Matrix abgebildet werden. Dies ermöglicht es den Unternehmen, Key Risk Indicators zu entwickeln, welche an das Senior Management bereits heute berichtet werden.

Verbesserungspotenziale und Anpassungsbedarf

In den Interviews wurden Verbesserungspotenziale und der notwendige Anpassungsbedarf im Corporate Compliance-Bereich genannt. Diese Punkte werden nun im Folgenden näher erläutert.

Zunächst wurde festgestellt, dass in den untersuchten Unternehmen derzeit keine (erfolgsorientierten) KPIs bezüglich Corporate Compliance existieren. Die Interviewpartnerinnen und Interviewpartner äußerten den Wunsch nach der Entwicklung solcher KPIs und ihrer anschließenden Verwendung. Dadurch ließe sich der Einfluss von Corporate Compliance auf das Geschäft und auf die Geschäftszahlen quantitativ darstellen und messbar machen. Damit einher geht der Wunsch, dass messbare Corporate Compliance-Ziele entwickelt werden sollten. Es wurde betont, dass dabei nicht nur die Kosten, sondern auch die Erträge der Corporate Compliance berücksichtigt werden sollten.

Ein weiterer wichtiger Punkt ist die Automatisierung und Digitalisierung von Corporate Compliance-Prozessen. Die Interviewpartnerinnen und Interviewpartner waren sich einig, dass repetitive Aufgaben automatisiert werden sollten, um Fehler zu minimieren und den Workflow zu verbessern. Neue Technologien wie Künstliche Intelligenz (KI) und

Blockchain könnten dabei unterstützend wirken. Zudem sollte der tägliche Workflow besser mit den Unternehmensrichtlinien verbunden werden, beispielsweise durch die Automatisierung von Deadlines.

Es wird als wichtig erachtet, dass kompetente und gut qualifizierte Corporate Compliance Officer in der Corporate Compliance-Abteilung arbeiten. Dies bedingt, dass der entsprechende On-Boarding-Prozess verbessert wird. Die Corporate Compliance Officer sollten die Zeit und Muße haben, zu antizipieren, wo mögliche Probleme liegen könnten. Wichtig ist, dass es genügend (personelle) Ressourcen im Bereich Corporate Compliance gibt, welche unterschiedliche Stärken aufweisen.

Das heute noch immer vorhandene „Silo"-Denken in Bezug auf Corporate Compliance sollte aufgehoben und Corporate Compliance in die Geschäftsprozesse eingebunden werden. Durch eine bessere Einbindung in die Geschäftsprozesse könnte Corporate Compliance schneller agieren, was die Effizienz von Corporate Compliance deutlich verbessern würde. Wichtig dabei ist, dass es nicht zu viel Bürokratie gibt. Zudem ist es wichtig, dass die Unternehmensrichtlinien gewisse Freiheiten zulassen, damit sie länderspezifisch umgesetzt werden können.

Verbesserungen im Bereich Kommunikation und Information wurden in verschiedenen Bereichen identifiziert. Zunächst ist es wichtig, die Kommunikation bezüglich der Corporate Compliance-Vorschriften zu verbessern. Dies betrifft insbesondere die Trainings/Schulungen, welche individuell auf das Unternehmen zugeschnitten werden müssen. Des Weiteren sollte der Informationsfluss im Unternehmen selbst sowie über die unterschiedlichen Regionen verbessert werden. Dazu gehört auch die Definition von klaren Zuständigkeiten (Wer ist für was verantwortlich? Wann muss welche Person kontaktiert werden?). Bei größeren, weltweit tätigen Unternehmen ist die Personalfluktuation in der Corporate Compliance-Abteilung hoch. Es ist dabei nicht immer klar, wer mit wem (weltweit) verbunden werden sollte. Bei Neueinstellungen sollten zudem (ausschließlich) die für die jeweilige Position relevanten Unternehmensrichtlinien zur Verfügung gestellt werden. Ein weiterer wichtiger Aspekt ist die aktive Beteiligung der Corporate Compliance-Abteilung am Unternehmen, damit sie nicht als „interne Polizei" wahrgenommen wird. Schließlich sollte der „Tone from the Top" („Leading by Example") verbessert werden. Sehr sensitive Themen bleiben momentan ausschließlich auf der höchsten Führungsebene.

Die Interviewpartnerinnen und Interviewpartner stellten einige Herausforderungen fest, insbesondere bei der Definition der Ziele der Corporate Compliance. Personen außerhalb dieser Abteilung hatten Schwierigkeiten, die konkreten Ziele zu formulieren, während diejenigen im Risikomanagement oder Internen Audit dies besser konnten.

Ein weiteres Problem war das Verständnis von Corporate Compliance, welches sich im Laufe der Zeit gewandelt hat. Langjährige Mitarbeitende haben eine andere Sicht auf Corporate Compliance als die jüngere Generation, die mit aktuellen Ansichten dazu ins Unternehmen eintritt.

Die Identifizierung von Erfolgsfaktoren und deren Messbarkeit erwies sich ebenfalls als schwierig. Viele Punkte wurden genannt, die sich mit den Aufgaben der Corporate Compliance überschneiden, aber die Messbarkeit, insbesondere von Softfaktoren, ist eine Herausforderung. Einige messbare Aspekte wie Geschwindigkeit der Auftragsabwicklung, die Reaktion auf „Red Flag"-Meldungen, die Anzahl der gemeldeten Fälle im Vergleich zu den tatsächlichen Corporate Compliance-relevanten Fällen und Teilnahme an Corporate Compliance-Schulungen wurden erwähnt, aber der Wertbeitrag von Corporate Compliance zum Unternehmenserfolg konnte nicht quantifiziert werden.

Finalisierung und Validierung des Compliance-Erfolgsmodells

Die in der Interviewphase identifizierten Erfolgsfaktoren von Corporate Compliance wurden im nächsten Projektschritt anhand einer quantitativen Analyse überprüft. Die Vorgehensweise wird fortfolgend erläutert.

Der Abgleich der in der qualitativen Interviewphase identifizierten Erfolgsfaktoren mit den Erkenntnissen der Literatur diente dazu, Gemeinsamkeiten und Unterschiede zwischen praktischen Erkenntnissen und konzeptionellen Überlegungen zu ermitteln. Eventuelle Lücken sollten aufgedeckt werden und mittels einer zusätzlichen Literaturrecherche nochmals überprüft und validiert werden.

Bei der Entwicklung des statistischen Modells und um das Modell zuverlässig statistisch testen zu können, mussten verschiedene Schritte unternommen werden. Zunächst war es erforderlich, relevante Compliance-Faktoren aus einer großen Grundgesamtheit auszuwählen. Im nächsten Schritt wurde die Zuverlässigkeit der Messmodelle hinter jedem identifizierten Faktor untersucht. Dies beinhaltete die Suche nach validierten Messmodellen und die Überprüfung ihrer Anwendbarkeit. Zusätzlich wurden zwei qualitative Pre-Tests durchgeführt, um die Implementierungspartnerinnen und Implementierungspartner sowie die Zielgruppe der Umfrage, bestehend aus CEOs und CFOs, einzubeziehen. Dabei traten verschiedene Herausforderungen auf, darunter die Reduzierung der Komplexität des Modells, die Sicherstellung einer ausreichenden Stichprobengröße und die Berücksichtigung von (teilweise polarisierenden) Einzelmeinungen.

Besondere Aufmerksamkeit galt auch der Unterscheidung zwischen Korrelation und Kausalität, um die Interpretation der Ergebnisse zu gewährleisten. Durch diese methodische Vorgehensweise konnten potenzielle Lücken zwischen empirischen Befunden und theoretischem Wissen identifiziert und geschlossen werden, was zu einer fundierten Analyse der Corporate Compliance-Faktoren führte.

Abb. 2 illustriert die identifizierten Compliance-Faktoren, unterteilt in drei Kategorien: Faktoren aus der strukturierten Literaturanalyse

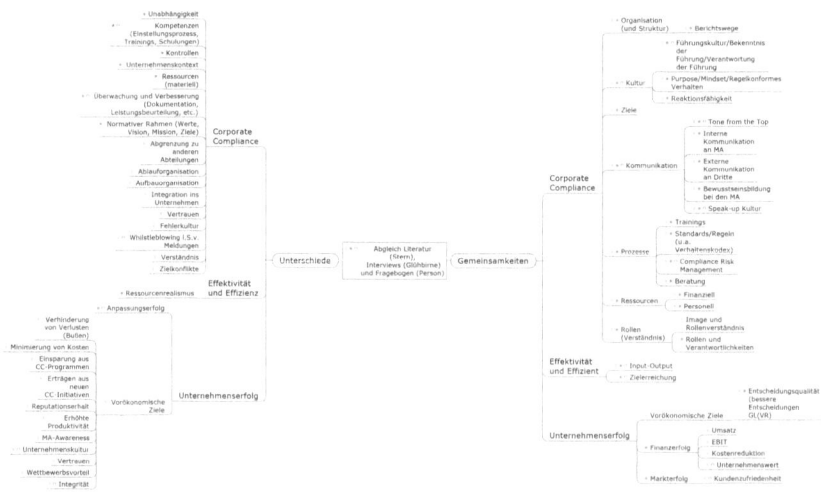

Abb. 2 Analyse potenzieller Compliance-Erfolgsfaktoren. (Eigene Darstellung)

(SLA), gekennzeichnet durch einen Stern; Faktoren aus den Interviewauswertungen, symbolisiert durch eine Glühbirne; und Faktoren aus den Fragebögen, dargestellt durch ein Personensymbol. Wie ersichtlich ist, gibt es hier einige Überschneidungen, jedoch auch Unterschiede. Der Entscheidungsprozess, welche Faktoren in das Forschungsmodell bzw. in den Fragebogen aufgenommen wurden, basierte auf einem iterativen Verfahren. Dieses setzt sich aus Relevanzeinschätzung und Priorisierung basierend auf der Literatur sowie mehreren Diskussionsrunden zwischen dem Forschungsteam und den Industriepartnern zusammen.

Nachfolgend werden zuerst die einzelnen Stellhebel (unabhängige Variablen, „Erfolgsfaktoren") kurz vorgestellt. Danach folgen die Variablen zur Messung des Compliance-Erfolgs (Modellmitte) sowie die Variablen zur Unternehmenserfolgsmessung. Die entsprechenden Messinstrumente (so genannte „latente Variablen", die durch diverse Items bzw. Fragen repräsentiert werden) stammen teilweise aus der Literatur (aus verwandten Forschungsfeldern wie Controlling, Interne Kontrollsysteme, Risikomanagement) und wurden an den Compliance-Kontext angepasst. Einige Messmodelle mussten im Zuge des Forschungsprojekts neu entwickelt werden, da diese in der Literatur nicht ausfindig gemacht werden konnten.

Im Forschungsmodell wurden nach intensiven Diskussionen die folgenden Stellhebel erfolgreicher Compliance berücksichtigt:

Unternehmensinterne Kommunikation
Durch effektive Kommunikation können Mitarbeitende über aktuelle Richtlinien, Gesetze und Vorschriften informiert werden. Dies ist wichtig, um sicherzustellen, dass alle im Unternehmen die erforderlichen Standards einhalten. Interne Kommunikation hilft dabei, Risiken zu identifizieren und zu bewerten. Wenn Mitarbeitende potenzielle Verstöße melden oder Informationen austauschen, können Compliance-Verstöße frühzeitig erkannt und behoben werden. Regelmäßige Kommunikation über Compliance-Themen, Schulungen und Sensibilisierungsmaßnahmen stärkt das Bewusstsein der Mitarbeitenden für die Einhaltung von Vorschriften. Eine offene Kommunikation fördert zudem eine Unternehmenskultur, in der Integrität und ethisches Verhalten geschätzt werden. Dies trägt dazu bei, Verstöße zu vermeiden und das Vertrauen der Stakeholder zu stärken.

Eine gute unternehmensinterne (insbesondere auch die informelle) Kommunikation trägt dazu bei, Compliance-Risiken zu minimieren und die Einhaltung von Vorschriften sicherzustellen.

Einhaltung und Umsetzung der geltenden Verhaltensnormen
Unternehmen müssen die gesetzlichen Vorschriften und Verhaltensnormen einhalten, um rechtliche Risiken zu minimieren. Dies betrifft Bereiche wie Datenschutz, Anti-Korruption, Umweltschutz und Arbeitsrecht. Die Einhaltung von Verhaltensnormen hilft, Risiken zu identifizieren und zu bewerten. Wenn Mitarbeitende sich an ethische Standards halten, werden Verstöße frühzeitig erkannt und können behoben werden. Unternehmen, die ethisch handeln, gewinnen das Vertrauen ihrer Kunden, Investoren und der Öffentlichkeit. Eine gute Reputation ist für den langfristigen Erfolg unerlässlich. Verhaltensnormen sind oft in internen Richtlinien und Verhaltenskodizes festgelegt. Diese dienen als Leitfaden für Mitarbeitende und fördern eine Kultur der Integrität.

Integrität im Unternehmen
Unternehmen, die ethisch handeln, gewinnen das Vertrauen ihrer Kunden, Investoren und der Öffentlichkeit. Eine gute Reputation ist für den langfristigen Erfolg unerlässlich. Ebenso minimiert ethisches Verhalten Risiken, indem es Verstöße gegen Gesetze und Vorschriften verhindert. Dies schützt das Unternehmen vor rechtlichen und finanziellen Konsequenzen. Wenn Mitarbeitende und Führungskräfte ethische Prinzipien leben, entsteht eine Unternehmenskultur, in der Integrität geschätzt wird. Dies fördert ein positives Arbeitsumfeld. Führungskräfte sollten als Vorbilder für ethisches Verhalten dienen. Ihr Handeln beeinflusst die gesamte Organisation – und somit auch die Wirksamkeit des Compliance Managements.

Speak-Up Kultur
Mitarbeitende sollen ihre Meinung äußern können und sollen andere im Team/Unternehmen ermutigen, sich für Themen zu engagieren, die das Team bzw. das Unternehmen betreffen. Eine Speak-Up-Kultur ermutigt Mitarbeitende, Bedenken und mögliche Verstöße zu melden. Dadurch können Probleme frühzeitig erkannt und behoben werden. Dies fördert

die Einhaltung von Vorschriften und ethischen Standards. Eine offene Kommunikation schafft zudem Vertrauen zwischen Mitarbeitenden und der Unternehmensleitung. Mitarbeitende fühlen sich sicherer, wenn sie Bedenken frei äußern können, ohne negative Konsequenzen fürchten zu müssen.

Tone from the Top
Die Unternehmensleitung muss für die Bedenken der Mitarbeitenden zugänglich sein, insbesondere wenn diese sich über Verhaltensweisen äussern, die sie für illegal, unethisch oder zumindest fragwürdig halten. Ebenso muss die Unternehmensleitung zum Ausdruck bringen (in Wort und Schrift), dass unethisches Verhalten nicht toleriert wird. Selbstverständlich ist es zentral, dass die Unternehmensleitung ihrer Vorbildfunktion gerecht wird und sich auch selbst an die Vorgaben hält („Walk the Talk").

Compliance Risk-Assessment
Eine Compliance-Risikobewertung hilft, potenzielle Risiken zu identifizieren, die mit der Nichteinhaltung von Vorschriften und Richtlinien verbunden sind. Durch die Bewertung können Unternehmen die Risiken nach ihrer Dringlichkeit und Auswirkung priorisieren. Dies ermöglicht eine gezielte Ressourcenallokation. Das Compliance-Risk-Assessment berücksichtigt das Schadenspotenzial von Compliance Risiken (z. B. Wirkungsdauer und Intensität). Auf dessen Grundlage werden Gegenmaßnahmen abgeleitet und entsprechend implementiert. Wichtig dabei ist, dass das Compliance-Risk-Assessment integraler Bestandteil des unternehmensweiten Risikomanagements ist.

Umgang mit Meldungen und Verstößen
Meldungen sollten vertraulich behandelt werden, um die Identität des Meldenden zu schützen. Die gemeldeten Verstöße sollten gründlich untersucht werden, um die Fakten zu klären. Alle diesbezüglichen Schritte und die getroffenen Maßnahmen sollten dokumentiert werden. All diejenigen, die nachweislich in den Verstoß verwickelt sind, müssen unabhängig von ihrer beruflichen Stellung im Unternehmen angemessen sanktioniert werden. Neben den hierarchischen Berichtswegen sollen

Hinweisgebersysteme (z. B. Integrity-Line, Whistleblowing-Hotline) implementiert sein. Ein transparenter, fairer und effektiver Umgang mit Meldungen ist entscheidend, um die Einhaltung von Vorschriften, Richtlinien und ethischen Normen sicherzustellen.

Überwachung der Compliance
Sie ermöglicht die kontinuierliche Bewertung und Sicherstellung der Einhaltung von Vorschriften, Richtlinien und ethischen Standards. Durch regelmäßige Überwachung können potenzielle Verstöße frühzeitig erkannt und behoben werden. Dies trägt zur Risikominimierung und zur Schaffung einer vertrauenswürdigen Unternehmenskultur bei. Unternehmen sollen Mechanismen implementieren, um Compliance-Mängel schnell erfassen zu können. Identifizierte Kontrollschwächen müssen unmittelbar an die verantwortlichen Stellen weitergeleitet werden. Die Korrektur bzw. Behebung von Compliance-Mängeln muss angemessen überwacht werden. Schließlich muss die Compliance-Überwachung (z. B. im Rahmen von Audits) in zufälligen und angemessenen Zeitabständen erfolgen.

Anpassungsfähigkeit der Compliance
Gesetze und Vorschriften ändern sich ständig. Eine anpassungsfähige Compliance ermöglicht es Unternehmen, sich flexibel an neue Anforderungen anzupassen. Bei Fusionen, Übernahmen oder organisatorischen Veränderungen muss die Compliance-Strategie angepasst werden, um die Integrität und Einhaltung sicherstellen zu können. Neu erkannte Risiken sollen zu einer angemessenen Anpassung der Compliance im Unternehmen führen. Die Compliance muss ebenso umgehend an neue Bedürfnisse der Unternehmensleitung angepasst werden. Bei organisatorischen Änderungen (z. B. durch Unternehmenszukäufe) wird die Compliance angemessen an die neue Situation adaptiert.

Compliance-Kompetenz
Compliance-Expertinnen und -Experten müssen die relevanten Gesetze, Vorschriften und Branchenstandards genau kennen, um sicherzustellen, dass das Unternehmen diese einhält. Die Fähigkeit, Risiken zu identifizieren und zu bewerten, ist für eine effektive Compliance unerlässlich.

Dies ermöglicht eine gezielte Risikominimierung. Compliance-Expertinnen und -Experten müssen Mitarbeitende und Führungskräfte schulen und sensibilisieren, um die Einhaltung zu fördern. Die Kompetenz (Kenntnis des Geschäftsmodells, der Umfeld-Entwicklungen sowie entsprechendes Compliance-Fachwissen) der an der Compliance beteiligten Mitarbeitenden muss hoch sein. Es sollten möglichst keine Fehler aufgrund mangelnder Compliance-Kompetenzen passieren.

Einfluss von Compliance auf Entscheidungen
Compliance soll potenzielle Risiken und Chancen im Zusammenhang mit strategischen Entscheidungen identifizieren und bewerten. Dies hilft, rechtliche und finanzielle Risiken zu minimieren. Strategische Entscheidungen können die Reputation des Unternehmens stark beeinflussen, auch hier soll die Perspektive der Compliance-Expertinnen und -Experten im Entscheidungsprozess berücksichtig werden. Compliance-Aspekte sollten generell bei der Planung von Geschäftsstrategien berücksichtigt werden, um langfristige Auswirkungen besser und holistischer beurteilen zu können. Entscheidungen der Führungskräfte und Mitarbeitenden sollen, wo erforderlich, nach Rücksprache mit der Compliance getroffen werden. Entscheidungen sollen i. d. R. die Beurteilung aus Compliance-Sicht widerspiegeln (bzw. der Beurteilung nicht widersprechen).

Im Forschungsmodell wurden weiter die folgenden Variablen zur Messung des Compliance-Erfolgs und Unternehmenserfolgs berücksichtigt:

Kosten-Nutzen-Verhältnis der Compliance
Dieses bezieht sich auf die Abwägung der Kosten für die Implementierung und Aufrechterhaltung von Compliance-Maßnahmen im Vergleich zu den Vorteilen, die daraus resultieren. Ein ausgewogenes Verhältnis ist entscheidend, um die Effektivität der Compliance zu gewährleisten. Wenn die Kosten zu hoch sind, kann dies die Wettbewerbsfähigkeit beeinträchtigen. Wenn die Vorteile jedoch die Kosten überwiegen, stärkt dies das Vertrauen der Stakeholder und minimiert Risiken. Unternehmen müssen daher sorgfältig abwägen und eine angemessene Balance finden. Die Compliance sollte idealerweise unter Berücksichtigung der ein-

gesetzten Ressourcen als wirtschaftlich bezeichnet werden, d. h. der Nutzen der Compliance entspricht mindestens den eingesetzten Ressourcen.

Wirksamkeit von Compliance
Effektive Compliance-Programme minimieren rechtliche und finanzielle Risiken für Unternehmen und stellen dabei einen entscheidenden Wettbewerbsfaktor dar. Indikatoren für die Wirksamkeit sind u. a., ob die Arbeit der Compliance im Unternehmen geschätzt, der Compliance im Unternehmen ein hoher Stellenwert beigemessen, und ob die Notwendigkeit von Compliance nicht in Frage gestellt wird. Die Leistungen der Compliance sollen aktiv im Unternehmen nachgefragt werden und bilden einen Eckpfeiler für den Erfolg des Unternehmens.

Zielerreichungsgrad der Compliance
Unternehmen verfolgen konkrete Ziele mit Investitionen in Compliance. Diese können u. a. die folgenden sein: Mitarbeitende müssen wissen, wie sie sich in jeder Situation korrekt zu verhalten haben, ohne dass eine ständige Kontrolle erfolgt. Die Einhaltung von Compliance soll die Unternehmensreputation erhöhen. Compliance soll es Unternehmen ermöglichen, den vertraglichen Verpflichtungen stets nachzukommen und sorgt dafür, dass interne, selbstauferlegte Verhaltensrichtlinien (z. B. Verhaltenskodex) stets eingehalten werden. Ebenso soll Compliance die korrekte Umsetzung der anwendbaren Rechtsvorschriften ermöglichen sowie Compliance-Verstöße minimeren bzw. zuverlässig identifizieren und aufklären.

Unternehmenserfolg
Der Unternehmenserfolg wurde multidimensional inkl. vorökonomischer Ziele gemessen, so wurden u. a. Gewinn, Profitabilität, Umsatz, Anpassungsfähigkeit der Produkte und Dienstleistungen, Schnelligkeit der Reaktion auf neue Entwicklungen am Markt, Schnelligkeit bei der Nutzung neuer Marktchancen, Reputation, Halten bestehender Kunden, Gewinnung neuer Kunden, Erzielung von Kundenzufriedenheit, Erzielung von Kundennutzen, Erreichung des angestrebten Wachstums, Erreichung des angestrebten Marktanteils und Schaffung eines positiven

Unternehmensimage erfasst. Ebenso wurde abgefragt, wie das eigene Unternehmen im Vergleich zum Wettbewerb dasteht.

Kontrollvariablen

Es wurden einige Kontrollvariablen abgefragt, um Dritteffekte kontrollieren und so genannte Multigruppenanalysen (MGA) durchführen zu können. Diese Kontrollvariablen sind Branche, Größe, Rechtsform, Revisionsart, Alter des Antwortenden, Geschlecht des Antwortenden, Funktion des Antwortenden, Organisation der Compliance, Berichtsstruktur der Compliance sowie Verwendung eines Compliance-Standards.

Transfer in die Praxis

- Möchten Sie erfahren, welches die Erfolgsfaktoren von Corporate Compliance sind, welche Sie in Ihrem Unternehmen anwenden können?
- Wollen Sie wissen, was Sie an Ihrer Compliance-Strategie ändern müssen, um den Unternehmenserfolg zu steigern?
- Erfahren Sie wie das gemeinsame Verständnis für Corporate Compliance unter den Mitarbeitenden gefördert wird.
- Welche Ressourcen stehen Ihrem Unternehmen für Corporate Compliance zur Verfügung, und wie wirkt sich dies auf die Umsetzung von Compliance-Aktivitäten aus?
- Wie werden nicht-finanzielle Aspekte wie die Zufriedenheit der Mitarbeitenden, Wettbewerbsvorteil und Unternehmenskultur zur Messung des Unternehmenserfolgs herangezogen?
- Welche Verbesserungspotenziale sehen Sie hinsichtlich der Messbarkeit und Bewertung von Corporate Compliance in Ihrem Unternehmen?

Erkenntnisse zum Compliance-Erfolgsmodell

> **Was Sie aus diesem Kapitel mitnehmen**
> - Erfolg der Compliance in Schweizer Unternehmen
> - Identifikation von Stellhebeln des Compliance-Erfolgs
> - Optimierungspotenzial von Compliance in verschiedenen Bereichen
> - Zusammenhänge zwischen Compliance-Stellhebeln, Compliance-Erfolg und Unternehmenserfolg
> - Priorisierung und Kategorisierung der Compliance-Stellhebel
> - Limitationen der Analyse

Das vorliegende Kapitel präsentiert die Ergebnisse einer der quantitativen Untersuchung zum Erfolg von Compliance in Schweizer Unternehmen. Durch die Analyse von Erfolgsfaktoren bzw. Stellhebeln erfolgreicher Compliance bietet es Einblicke in die Bewertung und Optimierung von Compliance-Maßnahmen, um einen positiven Beitrag zum Unternehmenserfolg zu ermöglichen.

Vorstellung des Compliance-Erfolgsmodells

Nach der Entwicklung des Fragebogens, welcher die Messinstrumente des Forschungsmodells enthält, wurde in einem ersten Schritt eine webbasierte Umfrage versendet, die eine bereinigte Stichprobe von 356 verwertbaren Datensätzen generierte. Die Rücklaufquote betrug damit 14 %. In der Umfrage wurden kleine (unter 9 Mitarbeitende), mittlere (10 bis 249 Mitarbeitende) und große (über 250 Mitarbeitende) Schweizer Unternehmen befragt. Die Funktionen und Positionen der an der Umfrage beteiligten Personen sind in Abb. 1 ersichtlich.

Insgesamt zeigt sich, dass ca. 51 % (182) der Teilnehmenden CEOs sind, gefolgt von CFOs (15 %), mittlerem Management (11 %) und Mitglieder von Aufsichtsorganen (10 %). Die Umfrage wurde von 258 Männern und 98 Frauen ausgefüllt. Insgesamt wurden 5 Fragebögen nicht berücksichtigt, da diese Personen den Fragebogen unvollständig ausgefüllt hatten.

Weitere Charakteristika des Gesamtsamples sind, dass 251 (70 %) der Teilnehmenden keinen Standard und/oder ein Rahmenwerk für Compliance (wie z. B. ISO 37301:2021) im Unternehmen verwenden. Hingegen bejahen 105 (30 %) der Teilnehmenden, dass sie sich an einem solchen

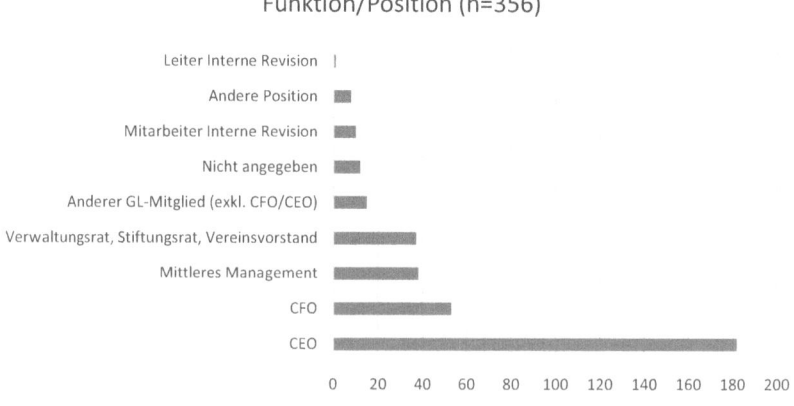

Abb. 1 Stichprobe nach Funktionen und Positionen. (Eigene Darstellung)

international anerkannten Standard/Rahmenwerk orientieren. Rund 60 % (210) der Unternehmen geben an, eine ordentliche Revision gemäß schweizerischem Obligationenrecht durchzuführen; die anderen ca. 40 % (146) unterstehen der eingeschränkten Revision. Etwa die Hälfte der Unternehmen (188) sind zudem in die Rechtsform der Aktiengesellschaft (kotiert und/oder nicht-kotiert) gekleidet, die andere Hälfte (168) trägt ein anderes juristisches Kleid (z. B. Gesellschaft mit beschränkter Haftung, Stiftung, Verein). 85 Unternehmen sind im Dienstleistungsbereich tätig und 271 Unternehmen in anderen Branchen.

Anschließend begann die Entwicklung eines statistischen Modells im Rahmen der quantitativen Phase des Forschungsprojekts. Methodisch bedient sich dieses Forschungsprojekt dem so genannten „Partial Least Squares Structural Equation Modeling (PLS-SEM)". Das ist eine statistische Methode zur Analyse komplexer Ursache-Wirkungs-Beziehungen zwischen Variablen und ist eine Art „flexible Form" einer multivariaten Regressionsanalyse.

PLS-SEM ermöglicht die Untersuchung von latenten Variablen, die aus beobachtbaren Variablen abgeleitet werden. Es besteht aus einem Messmodell, das die Beziehung zwischen latenten und beobachtbaren Variablen beschreibt, und einem Strukturmodell, das hypothesengetriebene Beziehungen zwischen den latenten Variablen testet. PLS-SEM schätzt die Modellparameter mithilfe der Methode der kleinsten Quadrate und ist bekannt für seine Anpassungsfähigkeit an kleine Stichproben und nicht normalverteilte Daten. Es bietet verschiedene Indizes zur Bewertung der Modellpassung, Validität und Reliabilität der verwendeten Messinstrumente.

PLS-SEM wurde für die Validierung des in der qualitativen Projektphase entwickelten Forschungsmodells verwendet, um die vermuteten Ursache-Wirkungszusammenhänge im Rahmen eines Strukturgleichungsmodells statistisch zu prüfen.

Basierend auf Interviews und Workshops mit den Umsetzungspartnern sowie einer umfassenden Literaturanalyse wurde somit ein theoretisch fundiertes (auf Standards, Normen, Literatur basierend) und empirisch-qualitativ plausibilisiertes (auf Basis der Interviews) Strukturgleichungsmodellierung entwickelt, welches in Abb. 2 illustriert ist.

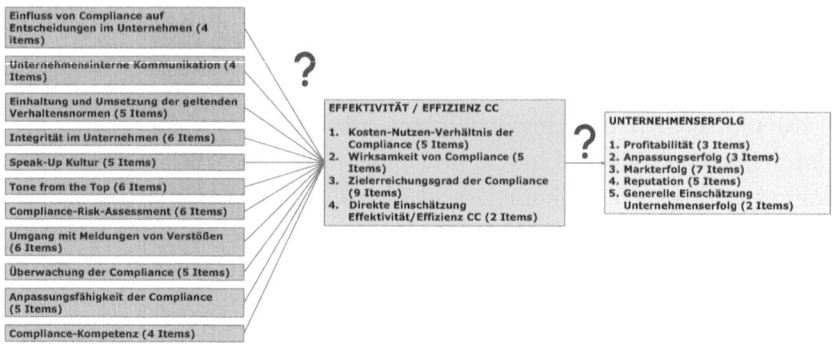

Abb. 2 Vorstellung des Compliance-Erfolgsmodells. (Eigene Darstellung)

Dieses Modell diente dazu, die vermuteten Zusammenhänge sowie die einzelnen latenten Variablen (Messinstrumente) empirisch zu testen. Das Basismodell besteht aus 20 latenten Variablen, wobei elf Variablen die „Stellhebel" (d. h. Erfolgsfaktoren) der Compliance (linker Teil) repräsentieren, vier Variablen die Effektivität und Effizienz („Compliance-Erfolg") der Compliance (Mitte) messen und fünf Variablen, die den Unternehmenserfolg (rechter Teil) repräsentieren. Die vermuteten Beziehungen (Hypothesen) zwischen den Variablen wurden als gerichtete Pfeile im Modell hinterlegt. Sie sind im Rahmen der Strukturgleichungsmodellierung statistisch zu prüfen (Vorzeichen und Pfadstärken).

Das Basismodell wurde nach der Prüfung der Gütekriterien der einzelnen latenten Variablen geschätzt. Es ist vorauszuschicken, dass Modelle mit zahlreichen unabhängigen Variablen in der empirischen Literatur kaum anzutreffen sind. Der Fokus liegt in der Regel auf wenigen, themenspezifischen und theoretisch gut fundierten Konstrukten. Es ist deshalb davon auszugehen, dass sich einige unabhängige Variablen teilweise kompensieren (miteinander korrelieren) und der relative Effekt einzelner Variablen im Gesamtkontext von elf Variablen klein bzw. irrelevant ausfallen wird. Deshalb können Teilmodelle geschätzt werden, die themenspezifische Gruppierungen (z. B. „Soft-Faktoren" oder „Prozessfaktoren") der unabhängigen Variablen enthalten.

Reifegrad der Compliance

Deskriptive Statistiken der einzelnen Variablen bzw. deren Items dienen als Basis für die Reifegradmodelle, welche die Reifegrade der Stellhebel und des Compliance-Erfolgs in Schweizer Unternehmen aufzeigen. Sie dienen dazu, die in den Interviews genannten Herausforderungen zu adressieren und dadurch einen Beitrag zur Bewältigung dieser Schwierigkeiten leisten zu können. Die Reifegradmodelle ermöglichen konkret, den Ist-Zustand bzw. den Reifegrad der Corporate Compliance zu identifizieren. Darauf basierende Handlungsempfehlungen im letzten Kapitel dieses Quick Guide werden aufzeigen, wie die Unternehmen den Soll-Zustand erreichen und ihre Corporate Compliance effektiv und effizient ausgestalten können. Diese Empfehlungen können z. B. so formuliert werden:

- Generische oder externe Compliance-Trainings vermeiden.
- Sicherstellen, dass wichtige Informationen leicht zugänglich sind (interne Kommunikation).
- Gewährleisten, dass eine transparente Kommunikation mit externen Stakeholdern (externe Kommunikation) möglich ist.
- Nicht nur finanzielle Kennzahlen zur Förderung des Unternehmenserfolgs berücksichtigt, sondern auch nicht-finanzielle Ziele.
- Etc.

Basierend auf Erkenntnissen aus der betrieblichen Erfolgsforschung wurde, wie oben beschrieben, ein Erfolgskonstrukt der Compliance entwickelt, welches sich primär über die zwei Dimensionen Effektivität („Wirksamkeit und Zielerreichungsgrad der Compliance") und Effizienz („Kosten-Nutzen-Verhältnis") operationalisieren lässt. Für die Entwicklung eines Reifegradmodells wurden diese beiden Dimensionen über zahlreiche Fragebogen-Items empirisch gemessen und anschließend entsprechend ihrem „Erfüllungsgrad" bzw. ihres „Optimierungspotenzials" sortiert.

Zur einfachen Vergleichbarkeit wurden die Durchschnittswerte der Fragebogen-Items pro Faktor auf einen Index von 0–100 % normiert

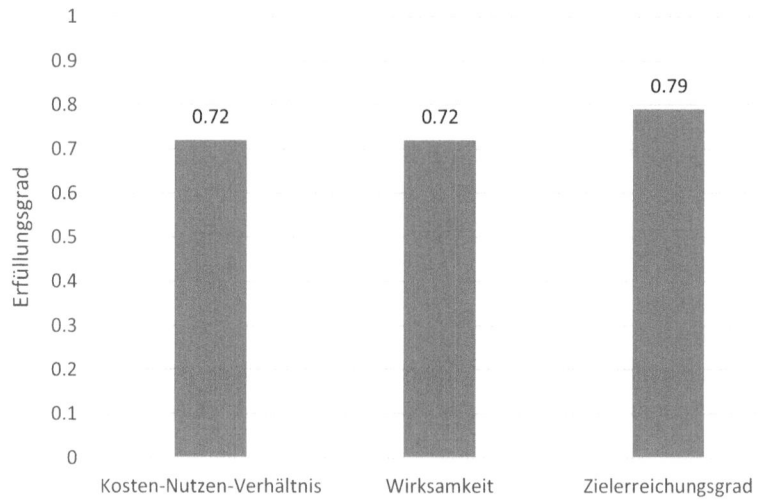

Abb. 3 Erfolg der Compliance in Schweizer Unternehmen. (Eigene Darstellung)

und in einem Reifegradmodell abgebildet. Dies ermöglicht es, den Ist-Zustand bzw. den Reifegrad des Erfolgs der Compliance zu beurteilen und darauf basierend Handlungsempfehlungen abzuleiten, wie die Unternehmen den Soll-Zustand erreichen und ihre Compliance somit erfolgreicher ausgestalten können.

Wie in Abb. 3 ersichtlich, wird der Erfolg der Compliance in Schweizer Unternehmen allgemein als hoch eingeschätzt. Insbesondere werden die Ziele der Compliance in einer Vielzahl von Unternehmen regelmäßig erreicht. Dies bedeutet z. B., dass Compliance die korrekte Umsetzung der anwendbaren Rechtsvorschriften sowie die Einhaltung vertraglicher Verpflichtungen und interner Verhaltensrichtlinien (z. B. Verhaltenskodex) ermöglicht.

Die Ergebnisse zeigen, dass die Mitarbeitenden mehrheitlich wissen, wie sie sich in einer Compliance-relevanten Situation korrekt zu verhalten haben, wodurch im Unternehmen weniger Regel- und Normverstößen erfolgen. Sollte es dennoch zu Regel- und Normverstößen kommen, zeigen die Ergebnisse, dass diese zuverlässig durch die Compliance aufgedeckt werden. Compliance ermöglicht dadurch erfolgreiche Geschäftsbeziehungen und schafft einen Wettbewerbsvorteil, der sich positiv auf die Unternehmensreputation und den Unternehmenserfolg auswirken kann.

Die Faktoren „Kosten-Nutzen-Verhältnis der Compliance" und „Wirksamkeit der Compliance" weisen vergleichsweise höheres Optimierungspotenzial auf. In Bezug auf die Effizienz von Compliance zeigen die Ergebnisse, dass die Ressourcen entsprechend den herausfordernden Aufgaben und Zielen der Compliance durchschnittlich angepasst bzw. erhöht werden müssen. Betreffend die Wirksamkeit der Compliance ist es zentral, dass die Arbeit der Compliance im Unternehmen geschätzt wird und dass sie einen entsprechend hohen Stellenwert geniesst. Dies führt dazu, dass die Leistungen der Compliance im Unternehmen aktiver nachgefragt werden und die Notwendigkeit der Compliance nicht in Frage gestellt wird.

Im Zuge der Entwicklung des Forschungsmodells wurden elf Stellhebel des Compliance-Erfolgs identifiziert, welche in Abb. 4 ersichtlich sind. Diese Stellhebel ermöglichen es Unternehmen, den Compliance-Erfolg positiv zu beeinflussen. Sie wurden im Fragebogen ebenso über

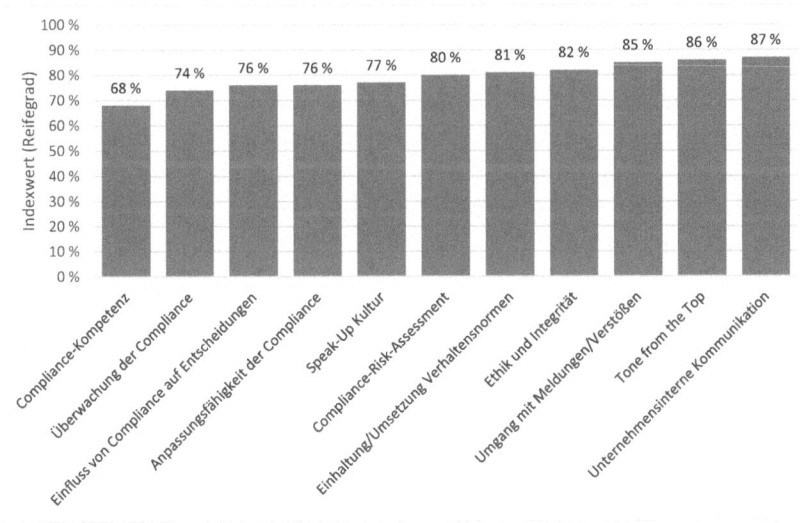

Abb. 4 Stellhebel des Compliance-Erfolgs. (Eigene Darstellung)

zahlreiche Items operationalisiert und entsprechend ihrem Erfüllungsgrad bzw. ihres Optimierungspotenzials sortiert. Nachfolgend wird auf ausgewählte Stellhebel eingegangen und aufgezeigt, wie diese im Unternehmen optimiert werden können, um den Erfolg der Compliance zu erhöhen.

Ein hohes Optimierungspotenzial in Bezug auf den Compliance-Erfolg liegt v. a. in der „Compliance-Kompetenz" der an der Compliance beteiligten Mitarbeitenden. Zentral ist, dass es im Compliance-Knowhow wenig Nachholbedarf im Unternehmen gibt und die Mitarbeitenden folglich auch keine Fehler aufgrund von mangelndem Fachwissen begehen. Die Ergebnisse zeigen zudem, dass die Compliance-Aktivitäten im Unternehmen geschätzt und anerkannt werden und dass das Compliance-Knowhow im gesamten Unternehmen – und nicht ausschließlich bei den Compliance-Mitarbeitenden – vorhanden ist.

Ein weiteres hohes Optimierungspotenzial besteht in Bezug auf die „Überwachung" der Compliance. Es ist entscheidend, dass Mechanismen existieren, um Compliance-Mängel in einem sich rasch ändernden (regulatorischen) Umfeld entsprechend schnell erfassen zu können. Ferner sollte die Compliance-Überwachung vollständig in die operativen Geschäftsprozesse integriert sein und in angemessenen Zeitabständen erfolgen.

Ein mittleres Optimierungspotenzial konnte u. a. beim Faktor „Einfluss von Compliance auf Entscheidungen" festgestellt werden. In diesem Zusammenhang ist relevant, dass die Compliance eine wichtige Rolle bei der Entscheidungsfindung spielt, die Entscheidungen in der Regel auch die Beurteilung aus Compliance-Sicht widerspiegeln und Entscheidungen, wo erforderlich, unter Berücksichtigung von Compliance getroffen werden. Auch der Faktor „Anpassungsfähigkeit" weist ein mittleres Optimierungspotenzial auf. Hier ist es vor allem relevant, dass Compliance die Entwicklungen im Unternehmensumfeld stets proaktiv beobachtet, um rechtzeitig und angemessen darauf reagieren zu können. Ferner sollte die Compliance umgehend an neue Bedürfnisse der Unternehmensleitung angepasst werden können.

Der Stellhebel „Tone from the Top" ist in den meisten der befragten Unternehmen stark ausgeprägt und weist somit ein vergleichbar niedriges

Optimierungspotenzial auf. Die Unternehmensleitung stellt in diesen Unternehmen u. a. glaubhaft dar, welches Verhalten im Unternehmen akzeptabel ist und welches nicht. Ferner hat die Unternehmensleitung in diesen Unternehmen zum Ausdruck gebracht, dass unethisches Verhalten nicht toleriert wird und die verantwortlichen Personen werden ihrer Vorbildfunktion gerecht und halten sich auch selbst an die Vorgaben. Ferner weist auch der Stellhebel „Umgang mit Meldungen von Verstößen" ein niedriges Optimierungspotenzial auf, da die meisten Unternehmen die Meldungen eines Verstoßes bereits vertraulich behandeln und dabei die Personen, welche einen Verstoß melden, vor Vergeltung oder Repressalien geschützt sind.

Gemäß dem entwickelten Reifegradmodell liegt am wenigsten Optimierungspotenzial im Faktor „Unternehmensinterne Kommunikation". Die in der Stichprobe enthaltenen Unternehmen geben an, dass es viele Gelegenheiten gibt, bei denen sich die Mitarbeitenden formell und informell austauschen können, unabhängig von der Funktion oder Position im Unternehmen.

Die Ergebnisse der schweizweiten Umfrage zum Compliance-Erfolg zeigen, dass der Reifegrad über alle Erfolgsfaktoren und deren Stellhebel relativ hoch ist. Die befragten Unternehmen schätzen ihre Compliance als effektiv und effizient, d. h. erfolgreich ein. Dies zeigt sich v. a. darin, dass die Ziele der Compliance regelmäßig erreicht werden, selbst wenn die Ressourcensituation nicht immer optimal ist.

Unternehmen, welche den Compliance-Erfolg weiter erhöhen möchten, sollten besonders darauf achten, ihre Compliance-Kompetenzen zu stärken. Ebenso ist es zur Optimierung der Regel- und Normenkonformität wichtig, Compliance-Mängel schnell zu erkennen und zu beheben sowie das Compliance-Monitoring gut in die operativen Prozesse zu integrieren. Werden die richtigen Stellhebel gesetzt, kann Compliance erfolgreiche Geschäftsbeziehungen ermöglichen und den Unternehmen dadurch Wettbewerbsvorteile verschaffen.

Im Folgenden werden die Ergebnisse zum Compliance-Erfolgsmodell vorgestellt und die Robustheit der Ergebnisse diskutiert.

Ergebnisse zum Compliance-Erfolgsmodell

Das Schätzen von den oben kurz erklärten Strukturgleichungsmodellen ist mit einigen Herausforderungen verbunden, die nur teilweise durch das Forschungsteam kontrollierbar sind. So müssen u. a. eine genügend große Stichprobe generiert werden und die einzelnen latenten Variablen („Faktoren") müssen zahlreiche statistische Reliabilitäts- und Validitätstests bestehen, um im Modell verwendet werden zu können. Ebenso muss das Basismodell sorgfältig theoretisch hergeleitet und durch Gespräche mit Expertinnen und Experten plausibilisiert werden.

Der Modell-Fit des Compliance-Erfolgsmodells wurde mit SRMR und NFI-Werten („state-of-the-art" Gütekriterien) beurteilt, die beide akzeptable, jedoch nicht perfekte Werte aufweisen (0,07 bzw. 0,8). Erfreulicherweise hat sich das Basismodell insgesamt als „sinnvoll" erwiesen, da es „statistisch relevant" ist und der so genannte „Modellfit" genügend bis gut war. Anders formuliert weisen die ausgewählten Variablen („Faktoren") insgesamt einen relevanten Erklärungsgehalt auf. Ebenso hat sich gezeigt, dass alle latenten Variablen (nach kleineren Anpassungen) die Gütekriterien erfüllen.

Abb. 5 zeigt die Kernergebnisse des Compliance-Erfolgsmodells. Die elf Faktoren (linker Modellteil) erklären je nach Modellvariante zwischen 70 und 80 % der Varianz der Effektivität und Effizienz der Compliance,

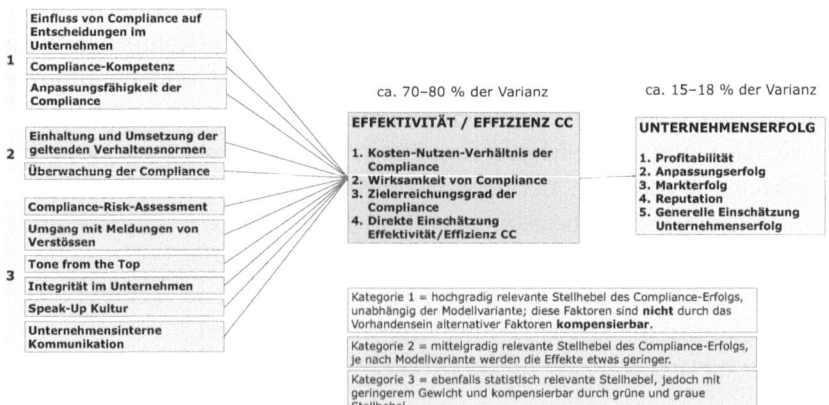

Abb. 5 Zentrale Erkenntnisse des Compliance-Erfolgsmodells. (Eigene Darstellung)

was einem hohen bis sehr hohem Wert entspricht. Anders formuliert lässt sich damit sagen, dass die elf theoretisch und explorativ-empirisch ausgewählten Faktoren tatsächlich eine relevante Rolle zur Erklärung erfolgreicher Compliance spielen. Das Modell enthält also „Faktoren", welche die Effektivität und Effizienz der Compliance zu einem großen Anteil erklären können.

Eine effektive und effiziente Compliance wirkt sich wiederum positiv und statistisch signifikant auf den Unternehmenserfolg aus. Eine effektive und effiziente Compliance hat statistisch signifikanten Einfluss auf den Unternehmenserfolg, der sowohl vorökonomische Ziele (Reputation, Zufriedenheit der Kundschaft usw.) als auch ökonomische Ziele (Gewinn, Ertrag, etc.) umfasst. Dieser Einfluss erklärt etwa 15–18 % der Varianz des Unternehmenserfolgs. Mit dem empirischen Datensatz konnte somit belegt werden, dass effektive und effiziente Compliance (hoch) erfolgswirksam ist.

Insgesamt zeigt sich, dass folgende Variablen einen sehr starken Effekt (statistisch auf dem 1 % Signifikanzniveau) auf die Effektivität und Effizienz der Compliance ausüben:

- Einfluss von Compliance auf Entscheidungen in Unternehmen
- Kompetenzen der an der Compliance beteiligten Mitarbeitenden
- Anpassungsfähigkeit der Compliance
- Überwachung der Compliance
- Einhaltung und Umsetzung der geltenden Verhaltensnormen.

Alle unabhängigen Faktoren (Stellhebel links im Modell) einzeln betrachtet („Single-Faktor-Analyse") üben einen positiven Effekt (entsprechend der theoretischen Erwartung) auf die Effektivität und Effizienz der Compliance aus, jedoch in unterschiedlicher Intensität. Je nach Modellvariante werden einige Variablen weniger wichtig bzw. irrelevant. Die Compliance-Erfolgsfaktoren können in drei Gruppen unterteilt werden. In Abb. 5 sind die Faktoren auf der linken Modellseite in drei Kategorien unterteilt.

- *Kategorie 1:* Hochgradig relevante Stellhebel des Compliance-Erfolgs. Diese Stellhebel können unabhängig von der Modellvariante nicht durch das Vorhandensein alternativer Faktoren kompensiert werden.

Sie stellen zentrale Erfolgsfaktoren dar und *müssen* gut ausgeprägt sein, damit die Compliance erfolgreich sein kann. Sie sind de facto alternativlos und müssen höchste Priorität geniessen.
- *Kategorie 2:* Stellhebel mittelgradiger Relevanz für den Compliance-Erfolg an; je nach Modellvariante können die Effekte etwas geringer ausfallen. Sie müssen als zweite Priorität angegangen werden. Sie sind teilweise durch eine gute Ausprägung der Faktoren aus der 1. Kategorie kompensierbar, nicht jedoch durch Faktoren aus der 3. Kategorie.
- *Kategorie 3:* Diese Stellhebel sind ebenfalls statistisch relevant, jedoch mit geringerem Gewicht und können durch Kategorie 1 und Kategorie 2 Stellhebel fast vollständig kompensiert werden. Isoliert betrachtet sind sie für den Compliance-Erfolg wichtig, weisen aber im Gesamtmodell relativ wenig Gewicht gegenüber Kategorie 1 und 2 auf.

Noch etwas differenzierter betrachtet üben die beiden Variablen „Einfluss von Compliance auf Entscheidungen in Unternehmen" sowie „Compliance Kompetenz" den stärksten Effekt auf den Compliance-Erfolg aus, dicht gefolgt von der „Anpassungsfähigkeit der Compliance". Diese Ergebnisse sind *stabil über alle Modellvarianten* hinweg. Das bedeutet, dass bei einer guten Ausprägung dieser drei Faktoren im Unternehmen weitere Faktoren fast keinen zusätzlichen Gewinn an Compliance-Erfolg mehr bringen. In anderen Worten erklären diese drei Faktoren allein in einem Teilmodell fast so viel Varianz wie alle 11 Faktoren zusammen. Sind diese drei Faktoren allerdings schlecht ausgeprägt, gibt es keine gleichwertigen kompensierenden Effekte.

Entgegen der Hypothese verhält sich die unternehmensinterne Kommunikation. Sie weist im Gesamtmodell sogar einen leicht negativen Effekt auf die Effektivität und Effizienz der Compliance auf. Alle anderen Variablen verhalten sich wie theoretisch vermutet, allerdings ist ihr relativer Beitrag zur Erklärung effektiver Compliance im Gesamtmodell eher gering.

Interessanterweise haben die beiden Variablen „Umgang mit Meldungen von Verstößen" bzw. „Compliance-Risk-Assessment" ein vernachlässigbares Gewicht (Kategorie 3) im Gesamtmodell für eine erfolgreiche Compliance. Mögliche Gründe dafür sind u. a. kompensierende Faktoren der anderen Stellhebel oder auch die vergleichsweise tiefe Varianz dieser beiden Variablen (d. h. die Streuung der Antworten für diese beiden Variablen ist sehr gering).

Die „Unternehmensinterne Kommunikation" ist im Single-Faktor-Modell zwar signifikant positiv, in allen anderen Modellen mit mehreren Faktoren übt sie keinen oder einen leicht negativen Einfluss auf die Effektivität und Effizienz der Compliance aus. Eine entsprechende Interpretation für diesen „Vorzeichenwechsel" ist schwierig. Im Gesamtkontext scheint die Interne Kommunikation von anderen Faktoren klar dominiert zu werden. Ihre relative Bedeutung nimmt ab bzw. kehrt sich sogar ins Negative. Die beiden Faktoren „Tone from the Top" und „Umgang mit Meldungen und Verstößen" korrelieren ziemlich stark miteinander. Statistisch argumentiert bedeutet dies, dass diese beiden Konstrukte nicht unabhängig voneinander betrachtet werden können bzw. sie sind ggf. zu „ähnlich" spezifiziert. Dies meint grundsätzlich, dass eine von beiden Faktoren nicht im Modell berücksichtigt werden sollte (Vorliegen eines Kollinearitätsproblems in den unabhängigen Variablen). Allerdings ändert sich an den statistischen Gesamtzusammenhängen nichts, wenn entsprechende Teilmodelle mit und ohne dieser beiden Variablen geschätzt werden.

Zur Stabilität des Compliance-Erfolgsmodells

Um die Stabilität des Compliance-Erfolgsmodells („Gesamtmodell") zu prüfen, können einerseits Teilmodelle bzw. alternative Modell geschätzt. Gründe dafür sind z. B. die Effekte einzelner Variablen in Abwesenheit anderer, kompensierender Variablen besser zu verstehen. Ebenso können in Teilmodellen spezifische Themengruppen und ihre Effekte auf Compliance untersucht werden. Mit alternativen Variablen kann versucht werden, den Modell-Fit insgesamt zu erhöhen. In einem ersten Schritt kann nochmals die Inhaltsvalidität der einzelnen Items und Konstrukte überprüft bzw. theoretisch/empirisch plausibilisiert werden, die nach der Basismodell-Schätzung keine plausiblen oder den Hypothesen widersprüchliche Werte aufweisen. Diese Analyse führte zu wenigen Anpassungen an Modellbeziehungen und latenten Variablen.

Nach diesem Arbeitsschritt wurden zahlreiche alternative (Teil-)Modelle geschätzt. Ein erstes Teilmodell enthält eine alternative Modellierung des Konstrukts „Unternehmenserfolg". Zum Beispiel, wurde die Erfolgsvariable (rechts) neu als zwei reflektive Messmodelle modelliert, und zwar mit Hilfe der vorökonomischen Ziele und deren Effekt auf die finanzielle Performance. Die Ergebnisse bestätigen das Basismodell. Grundsätzlich gibt es nur die zusätzliche Erkenntnis, dass eine effektive und effiziente Compliance sich positiv auf die vorökonomischen Ziele auswirkt und diese wiederum einen statistisch relevanten Einfluss auf den finanziellen Erfolg haben.

Wie oben erwähnt, kann es sinnvoll sein, Teilmodelle mit speziell interessierenden Variablengruppen zu modellieren. Im Folgenden werden zwei Teilmodelle für „direkte" und „indirekte" Compliance-Faktoren vorgestellt. Diese Gruppierung basiert ausschließlich auf Plausibilitätsüberlegungen und ist nicht weiter theoretisch fundiert. Abb. 6 und 7 zeigen die beiden Teilmodelle, wie sie in SmartPLS umgesetzt wurden.

Es zeigt sich, dass der Tone from the Top statistisch relevant wird, alle anderen Faktoren bleiben gleich wie im Gesamtmodell. Ebenso ist es interessant, dass dieses Teilmodell immerhin 32 % der Varianz des Compliance-Erfolgs erklärt. Im Gesamtmodell hingegen ist der Beitrag zur Varianzerklärung beinahe Null. Es gibt also Grund zur Annahme, dass es Suppressionseffekte gibt (die einen Variablen kontrollieren die Varianz der anderen Variablen bzw. sie haben einen gewissen kompensierenden Effekt).

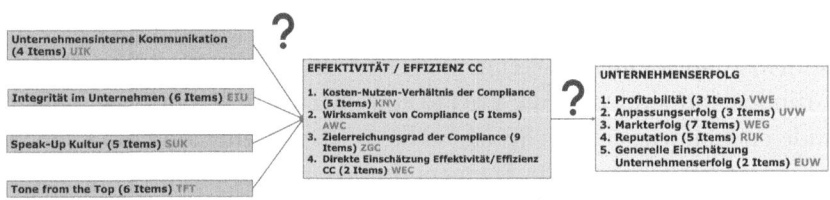

Abb. 6 Teilmodell „Indirekte Compliance Faktoren". (Eigene Darstellung)

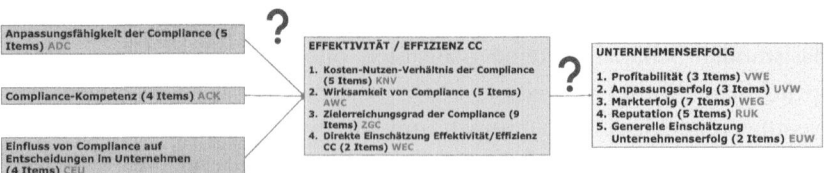

Abb. 7 Teilmodell „Direkte Compliance Faktoren". (Eigene Darstellung)

Hier ändert sich die Beziehungen im Vergleich zum Basismodell grundsätzlich kaum. Weiterhin dominieren die Faktoren „Entscheidungsrelevanz" und „Compliance-Kompetenzen".

Eine Interpretation dieser beiden Teilmodelle könnte sein, dass die „Compliance-Kompetenz" und „Einfluss von Compliance auf Entscheidungen im Unternehmen" alle anderen Einflussfaktoren dominieren. Sie können bis zu einem gewissen Grad die indirekten Compliance-Faktoren kompensieren. Der Umkehrschluss gilt aber nicht: Schwach ausgeprägte Kompetenzen und keine Integration in Entscheidungsprozesse können, wie oben bereits erwähnt, nicht durch stark ausgeprägte indirekte Faktoren wie z. B. „Tone from the Top" kompensiert werden.

Weiter können in PLS-Modellen so genannte Moderatoreneffekte und Kontrollvariablen berücksichtigt werden. Eine Kontrollvariable ist eine Variable, die nicht im Mittelpunkt des Pfadmodells steht, deren Existenz jedoch bestimmte Auswirkungen auf die abhängige Variable („Compliance-Erfolg" bzw. „Unternehmenserfolg") hat, die nicht per se ignoriert werden können. Deshalb wird sie als Kontrollvariable bezeichnet, da ihr potenzieller Einfluss „kontrolliert", „überwacht" oder „konstant" gehalten wird. Dieser Ansatz zielt darauf ab, zu untersuchen, ob und in welchem Ausmaß Kontrollvariablen Auswirkungen auf die Beziehungen zwischen den Faktoren der Compliance und der Effektivität/Effizienz haben. In der Regel wird die Kontrollvariable nicht als Teil einer Hypothese aufgenommen.

Ein Moderatoreneffekt liegt vor, wenn der Zusammenhang zwischen zwei Variablen durch eine dritte, von dieser unabhängigen Variable (Moderatorvariable, kurz: Moderator) beeinflusst wird (in der Stärke der Beziehung bzw. auch in der Richtung der Beziehung). Da im vorliegenden Projekt so genannte Ursache-Wirkungs-Zusammenhänge analysiert werden, geht es um den Zusammenhang zwischen einer unabhängigen Variable (bzw. „Faktor") und einer abhängigen Variable (bzw. „Compliance-Erfolg" oder „Unternehmenserfolg"). Dabei ist die Moderatorvariable eine dritte unabhängige Variable, die diesen Zusammenhang verstärken oder abschwächen (oder im Extremfall zu einem anderen „Vorzeichen" führen) kann.

Es ist davon auszugehen, dass die Unternehmensgröße gewisse Beziehungen zwischen Faktoren und Compliance-Erfolg „moderiert", das heißt beeinflusst. Es könnte z. B. sein, dass in großen Unternehmen mit komplexeren Compliance-Anforderungen Kompetenzen wichtiger sind als in KMU (kleinere und mittelgrosse Unternehmen) und in KMU der „Tone from the Top" als „indirekte Kontrolle" einen höheren Stellenwert hat als in Großunternehmen. Grundsätzlich müssen alle Moderatoreneffekte einzeln als Hypothesen formuliert und theoretisch untermauert werden.

Die Unternehmensgröße moderiert zwei Beziehungen zwischen den Stellhebeln erfolgreicher Compliance, dem Compliance-Erfolg und dem Unternehmenserfolg statistisch signifikant: „Einfluss von Compliance auf Entscheidungen" und „Compliance-Erfolg". Die negativen Vorzeichen bedeuten, dass der Effekt dieser beiden Variablen in großen Unternehmen überzufällig kleiner ist als in kleinen Unternehmen. Oder anders formuliert: Kleine Unternehmen profitieren noch stärker von gut ausgeprägter „Entscheidungsrelevant von Compliance" und höherem Unternehmenserfolg bei erfolgreicher Compliance. Alle anderen Beziehungen im Gesamtmodell werden durch die Unternehmensgröße nicht oder nicht maßgeblich beeinflusst.

Die Beziehung der „Anpassungsfähigkeit der Compliance" zum Compliance-Erfolg wird durch die Unternehmensgröße moderiert. Bei großen Unternehmen hat die „Anpassungsfähigkeit der Compliance" einen positiven Effekt auf den Compliance-Erfolg, während in kleineren Unternehmen kein Effekt empirisch beobachtbar ist. Dieselben Analysen wurden für Branchen („Dienstleistungen (DL)" und „Andere"), Rechtsform („AG" oder „Nicht-AG") sowie Berücksichtigung eines „Compliance-Standards Ja/Nein" durchgeführt. Es ist anzumerken, dass bez. Branche und Rechtsform keine weitere Differenzierung in zusätzliche Subsamples möglich sind (z. B. Branchen nach NOGA-Codes), da die einzelnen Subsamples eine zu kleine Stichprobe enthalten. Deshalb sind diese Analysen mit einer gewissen Vorsicht zu geniessen. Dennoch geben sie gewisse Hinweise auf die Robustheit des Modells in Abhängigkeit einzelner Sample-Charakteristika.

Der Moderator „Branche" („DL" versus „Andere") wirkt auf keine Beziehung statistisch relevant. Entsprechend werden die Ergebnisse hier auch nicht weiter kommentiert. Das heisst nicht, dass gewisse Interaktionseffekte zu beobachten sind, sie sind aber im Gesamtkontext nicht aussagekräftig genug.

Beim Moderator „Standardberücksichtigung" ist zu erkennen, dass zwei Beziehungen statistisch relevant beeinflusst werden: Die „Speak-Up Kultur" und der „Tone from the Top". Unternehmen, die einen expliziten Compliance-Standard berücksichtigen, legen größeren Wert auf eine „Speak-Up Kultur" (bzw. diese wird zusätzlich „erfolgsrelevant"). Hingegen nimmt bei einer Standardberücksichtigung der positive Effekt des „Tone from the Top" signifikant ab.

Beim Moderatorenmodell „Aktiengesellschaft (AG)" sind ebenfalls zwei relevante Effekte zu erkennen. Erstens schwächt die Rechtsform „AG" die Beziehung zwischen effektiver Compliance und Unternehmenserfolg ab (negatives Vorzeichen). Zweitens nimmt die Relevanz des Umgangs mit Compliance-Risiken („Compliance-Risk-Assessment") in AGs ebenfalls ab. Alle anderen Beziehungen werden durch die Rechtsform nicht (maßgeblich) beeinflusst.

In einem nächsten Schritt wurden die *Moderatoren-Variablen* als *Kontrollvariablen* im Modell aufgenommen. Hier geht es generell darum zu prüfen, ob eine oder mehrere Kontrollvariablen einen direkten Einfluss auf den Compliance-Erfolg ausüben. Statistisch betrachtet werden diese Effekte „kontrolliert", in dem sie im Modell „neutralisiert" werden. Allerdings weist keine der Kontrollvariablen einen relevanten Einfluss auf den Compliance-Erfolg auf (alle diesbezüglichen p-Werte sind deutlich größer als 0,05).

Im Unterschied zur Prüfung von Moderatoreneffekten kann mittels der Multigruppenanalyse (MGA) dasselbe Gesamtmodell (und nicht mehr nur einzelne Beziehungen im selben Modell) mit verschiedenen Stichproben geschätzt werden. Die MGA prüft, ob sich zwei Submodelle anhand eines interessierenden Merkmals (z. B. Größe, geteilt anhand des Medianwerts) signifikant voneinander unterscheiden. Das Gesamtsample wird anhand von kategorialen Merkmalen in zwei Subsamples unterteilt. Basierend auf diesen beiden Subsamples werden zwei Modelle gleichzeitig geschätzt und anhand des so genannten Welch-Satterthwaite-Tests auf statistisch relevante Unterschiede geprüft.

Die MGA bringt einige spannende Erkenntnisse hervor. Sie vergleicht zwei Datensätze und die Gesamtmodelle miteinander, die sich durch das interessierende Element unterscheiden (z. B. Geschlecht, Rechtsform, Größe). Insgesamt gibt es einige signifikante Unterschiede bei Größe,

Rechtsform und Standardberücksichtigung. Erstens ist bei großen Unternehmen der „Einfluss von Compliance auf Entscheidungen" etwas weniger wichtig als in kleinen Unternehmen. In kleinen Unternehmen hat eine erfolgreiche Compliance einen höheren Einfluss auf den Unternehmenserfolg. Zweitens ist bei Nicht-AGs der eigentliche Umgang mit Compliance-Risiken („Compliance-Risk-Assessment") positiv und relevant, bei AGs (inkl. kotierte AGs) negativ bzw. irrelevant. Drittens übt bei Unternehmen, die einen Standard für Compliance berücksichtigen, die „Speak-Up Kultur" einen statistisch relevanten Einfluss auf den Compliance-Erfolg aus.

Limitationen

Bei der Analyse wurden ebenfalls wichtige Limitationen festgestellt, die im Folgenden erläutert werden.

„Common Method Variance (CMV)" ist ein Messfehler, der durch bestimmte Erhebungsmethoden wie webbasierte Umfragen entstehen kann und potenziell die Beziehungen zwischen unabhängigen und abhängigen Variablen verfälscht. Es gibt vier Hauptursachen für CMV, wobei zwei bereits bei der Fragebogenkonstruktion berücksichtigt wurden. Die dritte Ursache betrifft den Erhebungskontext und kann durch Maßnahmen wie Anonymität und Betonung der Relevanz einer Meinung reduziert werden. Der vierte Grund, der „Single Source Bias", kann durch den „Harman's-One-Factor-Test" identifiziert werden, zeigt aber in diesem Projekt keine signifikante CMV.

„Non Response Bias" tritt auf, wenn Unternehmen, die nicht an der Umfrage teilgenommen haben, sich anders verhalten als teilnehmende Unternehmen. Eine Analyse des Antwortverhaltens von spät antwortenden Teilnehmern im Vergleich zu Antwortverweigerern mittels t-Test zeigt keinen signifikanten Non Response Bias im Abschluss-Sample.

„Key Informant Bias" kann auftreten, wenn Personen unterschiedlicher Positionen verschiedene Sichtweisen auf die zu erhebenden Daten haben. Eine Analyse der Stichprobe zeigt, dass die Mehrheit der Teilnehmer (CEO, CFO und mittleres Management) als qualifizierte

Informanten für die Beurteilung von Compliance und Unternehmenserfolg betrachtet werden kann, wodurch kein signifikanter Key Informant Bias zu erwarten ist.

Zwischenfazit

Im Rahmen der quantitativen Umfrage konnte für die Berechnung von Strukturgleichungsmodellen eine ausreichend große Stichprobe generiert werden. Die Analyse der verschiedenen Modelle hat gezeigt, dass es nicht ausreichend ist, dass theoretisch fundierte Basismodell lediglich mit den Daten aus der ganzen Stichprobe zu analysieren. Es gibt Unterschiede in den Modellbeziehungen (Stärke, Relevanz), die aufgrund verschiedener Merkmale (Größe, Rechtsform, etc.) in der Stichprobe entstehen. Diese Effekte konnten mit Hilfe von Moderatoren-Analysen, Mehrgruppen-Analysen sowie alternativen Teilmodellen geschätzt und sichtbar gemacht werden.

Erfreulicherweise übt eine effektive und effiziente Compliance („erfolgreiche Compliance") in allen Modellvarianten (Vollmodell, Teilmodelle, Modelle mit alternativen Effektivitäts-, Effizienz- und Unternehmenserfolgs-Konstrukten, etc.) einen statistisch relevanten, positiven Einfluss auf den Unternehmenserfolg aus. Die elf theoretisch hergeleiteten und mit qualitativen Interviews plausibilisierten „Stellhebel" (vermutete Einflussgrößen auf den Compliance-Erfolg) korrelieren einzeln betrachtet alle mittelstark bis sehr stark mit dem Compliance-Erfolg. Das heisst, sie liefern alle einen Erklärungsbeitrag, warum Compliance mehr oder weniger effektiv/effizient wahrgenommen wird. Interessant scheint, dass es einige kompensierende Effekte zwischen den elf „Faktoren" gibt. Dies bedeutet, dass „schlecht" ausgeprägte oder fehlende Faktoren durch andere kompensiert werden können.

Allerdings gilt das nur für gewisse Faktorengruppen und nur in „eine Richtung" (keine inverse Beziehung). So ist auffallend, dass die meisten „indirekt" am Compliance-Erfolg beteiligten Stellhebel („Tone from the Top", „Ethik und Integrität", „Interne Kommunikation") erst dann statistisch relevant werden, wenn andere, „direktere" Faktoren im Modell fehlen. Isoliert betrachtet sind alle indirekten Faktoren ebenfalls statistisch relevant, deren Gewicht im Gesamtmodell wird aber stark geschmälert bzw. sie werden von den „direkten" Faktoren „Compliance-Kompetenzen", „Entscheidungsrelevanz der Compliance" und „Anpassungsfähigkeit der Compliance" klar (!) dominiert.

Sind diese drei Faktoren in Unternehmen gut ausgeprägt, bewirken zusätzliche indirekte Maßnahmen bzw. Zustände praktisch keinen Zugewinn an Compliance-Erfolg mehr. Sind die drei direkten Faktoren jedoch schlecht bzw. eher schwach ausgeprägt, gibt es keine gleichwertigen, kompensierenden Faktoren. Dies zeigt sich auch statistisch darin, dass die drei Faktoren „Compliance-Kompetenzen", „Einfluss von Compliance auf Entscheidungen" und „Anpassungsfähigkeit der Compliance" in einem Teilmodell isoliert beinahe so viel Varianz des Compliance-Erfolgs erklären wie alle elf Faktoren zusammen. Schließlich bleibt erwähnenswert, dass alle elf Faktoren einzeln betrachtet (isoliert in einem Teilmodell geschätzt) einen positiven, statistisch relevanten Beitrag zur Erklärung des Compliance-Erfolgs liefern, jedoch im Gesamtkontext („Basismodell") unterschiedlich zu gewichten sind.

> **Transfer in die Praxis**
> - Wollen Sie den Erfolg der Compliance in Ihrem Unternehmen richtig messen und bewerten, insbesondere in Bezug auf die Dimensionen Effektivität und Effizienz?
> - Kennen Sie die Stellhebel von Compliance und wissen Sie, wie diese optimiert werden können?
> - Wie wird der Ist-Zustand des Compliance-Erfolgs in Ihrem Unternehmen bewertet, und welche Handlungsempfehlungen können Sie ableiten, um den Soll-Zustand zu erreichen?
> - Möchten Sie erfahren, wie Sie Compliance-Mängel rasch erkennen und beheben?
> - Sind Sie sich bewusst, welchen Einfluss die Größe Ihres Unternehmens auf die Effizienz und Effektivität sowie den Erfolg Ihrer Compliance hat?
> - Haben Sie sich schon einmal gefragt, ob eine effektive und effiziente Compliance tatsächlich einen Einfluss auf den Erfolg Ihres Unternehmens haben kann?

- Würden Sie gerne mehr darüber erfahren, welche Auswirkungen vorökonomische Ziele wie Reputation und Kundenzufriedenheit im Vergleich zu ökonomischen Zielen wie Gewinn und Ertrag auf den Erfolg Ihres Unternehmens haben können?
- Haben Sie bereits Maßnahmen ergriffen, um die Entscheidungsrelevanz, Kompetenzen und Anpassungsfähigkeit Ihrer Compliance zu stärken?
- Welche Schritte unternehmen Sie, um sicherzustellen, dass Ihre Compliance-Strategie an die spezifischen Bedürfnisse wie z. B. Unternehmensgröße, Branche und Rechtsform Ihres Unternehmens angepasst ist?

Handlungsempfehlungen zur Optimierung des Compliance-Erfolgs

> **Was Sie aus diesem Kapitel mitnehmen**
> - Handlungsempfehlungen für Verbesserungen der einzelnen Compliance-Stellhebel.
> - Beispiele für die praktische Umsetzung für ausgewählte Stellhebel.
> - Empfehlungen zur Priorisierung der Handlungsempfehlungen nach Wichtigkeit und Dringlichkeit.
> - Tipps für das Self-Assessment der Compliance in Ihrem Unternehmen.

Das gegenwärtige Kapitel konzentriert sich darauf, wie Unternehmen ihre Compliance verbessern können. Es dient als erste Orientierung und greift auf die Erkenntnisse der vorangegangenen Kapitel zurück.

Optimierung der Compliance Faktoren in der Praxis

Die Gestaltung eines effizienten und effektiven Compliance-Management-Systems ist für Unternehmen von zentraler Bedeutung. Wie bereits erwähnt, wurden elf Stellhebel identifiziert und statistisch validiert, die

Einfluss auf den Erfolg der Compliance haben. Diese Stellhebel sind entsprechend den empirischen Ergebnissen aus dem Compliance-Erfolgsmodell nach Priorität gruppiert (vgl. vorhergehendes Kapitel zur Kategorisierung) und lauten wie folgt:

- Kategorie 1:
    1. „Einfluss von Compliance auf Entscheidungen im Unternehmen"
    2. „Compliance-Kompetenz"
    3. „Anpassungsfähigkeit der Compliance"
- Kategorie 2:
    1. „Einhaltung und Umsetzung der geltenden Verhaltensnormen"
    2. „Überwachung der Compliance"
- Kategorie 3:
    1. „Compliance-Risk-Assessment"
    2. „Umgang mit Meldungen von Verstößen"
    3. „Tone from the Top"
    4. „Integrität im Unternehmen"
    5. „Speak-Up Kultur"
    6. „Unternehmensinterne Kommunikation".

Jeder dieser Stellhebel übt einzeln betrachtet einen positiven Effekt auf die Effektivität und Effizienz der Compliance aus, jedoch in deutlich unterschiedlicher Intensität.

Im folgenden Kapitel werden diese Stellhebel in Form von Handlungsempfehlungen aufgearbeitet. Diese können die Unternehmen dabei unterstützen, Schwachstellen aufzudecken und zu beheben, um somit ihre Compliance-Strategien zu optimieren und eine Kultur der Integrität zu fördern. Dabei werden konkrete Maßnahmen vorgestellt, die zur Verbesserung der einzelnen Compliance-Stellhebel beitragen und somit die Gesamtwirksamkeit des Compliance-Management-Systems erhöhen können. Empfohlen wird, eine Priorisierung der Massnahmen (Wichtigkeit und Dringlichkeit) nach obigen drei Prioritätsstufen vorzunehmen.

Einfluss von Compliance auf Entscheidungen im Unternehmen

Ziel dieses Stellhebels ist es, sicherzustellen, dass Compliance einen festen Platz in der strategischen und operativen Entscheidungsfindung des Unternehmens erhält. Durch die Integration von Compliance-Aspekten in die strategischen Entscheidungsprozesse können Unternehmen nicht nur ihre rechtlichen und ethischen Verpflichtungen erfüllen, sondern auch langfristig eine gute Unternehmensreputation und somit starke und vertrauenswürdige Beziehungen zu Kunden und Geschäftspartnern aufbauen.

Die folgenden Elemente sollen helfen, Compliance systematisch in den Entscheidungsprozess zu integrieren und ihre Bedeutung innerhalb der Organisation zu stärken.

Frühzeitige Einbindung der Compliance-Funktion
Um sicherzustellen, dass Entscheidungen bereits in einem frühen Stadium den gesetzlichen und unternehmensinternen Regelungen entsprechen, ist es essenziell, die Compliance-Funktion von Beginn an in die Entscheidungsfindung einzubinden. Das bedeutet, dass die Compliance-Funktion nicht erst bei der Umsetzung und Überprüfung von Entscheidungen, sondern bereits in den frühen Phasen des Entscheidungsprozesses aktiv beteiligt ist. Auf diese Weise können potenzielle Compliance-Risiken frühzeitig identifiziert und adressiert werden, wodurch das Risiko von Regelverstößen sowie den damit verbundenen rechtlichen und finanziellen Konsequenzen minimiert wird. Dabei soll dem Chief Compliance Officer (CCO), ähnlich wie dem Chief Risk Officer (CRO), ebenfalls ein Platz im Vorstand eingeräumt werden.

Durch die frühzeitige Einbindung der Compliance-Funktion wird zudem die Entscheidungsqualität verbessert, da unterschiedliche Perspektiven in die Entscheidungsfindung einfliessen können. Dies fördert unter anderem die interne Zusammenarbeit zwischen den einzelnen Abteilungen, da ein besseres Verständnis für die jeweiligen Herausforderungen und Ziele entsteht. Gleichzeitig wird ein klares Signal an alle Mitarbeitenden gesendet, dass Compliance ein zentraler Bestandteil der Unternehmenskultur ist.

Verankerung der Compliance im Mindset und in der Unternehmenskultur
Compliance sollte nicht nur als formelle Pflichtübung (sog. „tick-the-box"), sondern als fest verankerter Bestandteil der Unternehmenskultur angesehen werden. Hierzu sind umfassende Schulungs- und Sensibilisierungsmaßnahmen auf allen Ebenen des Unternehmens erforderlich, um sicherzustellen, dass die Mitarbeitenden die Regeln und Richtlinien verstehen und in ihrer täglichen Arbeit, sowie in Entscheidungssituationen anwenden können. Studien, wie die von Hauser et al. (2024) durchgeführte Auslandskorruptionsstudie, unterstreichen die Wichtigkeit einer starken Compliance-Kultur.

Des Weiteren fördert die Verankerung von Compliance im Mindset der Mitarbeitenden eine Kultur der Transparenz und Integrität. Dies trägt einerseits dazu bei, dass potenzielle Verstöße frühzeitig erkannt und verhindert werden können und schafft somit ein Arbeitsumfeld, indem ethisches Verhalten einen hohen Stellenwert erhält. Andererseits führt es zu einer verbesserten internen Kommunikation und Zusammenarbeit.

Stärkung der Kommunikation zwischen den einzelnen Abteilungen
Eine effektive Kommunikation zwischen den Abteilungen ist entscheidend, um sicherzustellen, dass alle Mitarbeitenden die gleichen Compliance-Ziele verstehen und verfolgen. Dabei fördern regelmäßige und strukturierte Kommunikationswege zwischen der Compliance-Abteilung und anderen Bereichen den Informationsaustausch und integrieren Compliance-Aspekte in die tägliche Arbeit. Somit ist es den Mitarbeitenden möglich, bei Entscheidungen und Handlungen die entsprechenden rechtlichen und ethischen Standards einzuhalten. Zudem wird dadurch die Compliance-Abteilung besser in die betrieblichen Abläufe eingebunden und ihre Rolle als integraler Bestandteil der organisatorischen Entscheidungsfindung gestärkt.

Risikobasierter Ansatz zur Identifizierung relevanter Entscheidungen

Dies erfordert eine gründliche Analyse der verschiedenen Bereiche im Unternehmen, in denen wichtige Entscheidungen bezüglich Umsatzes und Kosten getroffen werden. Hierbei ist es entscheidend, die Bereiche zu identifizieren, in denen Compliance besonders relevant ist. Dies könnte beispielsweise Abteilungen umfassen, die direkten Kontakt zur Kundschaft oder zu Lieferantinnen und Lieferanten haben, Finanztransaktionen durchführen oder regulatorischen Anforderungen unterliegen. Durch die Identifizierung und Priorisierung dieser Bereiche können Unternehmen sicherstellen, dass bei Entscheidungen hohe Compliance-Standards angewendet werden, um potenzielle Compliance-Risiken frühzeitig zu erkennen und mögliche negative Auswirkungen auf den Umsatz zu vermeiden.

> **Beispiel**
>
> - **Ist-Zustand:** Die Compliance-Funktion eines Schweizer Dienstleistungsunternehmens ist in die strategischen und operativen Entscheidungsprozesse nur teilweise integriert. Der Chief Compliance Officer (CCO) hat keinen festen Platz im Vorstand, was bedeutet, dass Compliance-Aspekte oft erst spät im Entscheidungsprozess berücksichtigt werden. Die Kommunikation zwischen der Compliance-Abteilung und anderen Abteilungen ist eher unregelmäßig und nicht standardisiert. Compliance wird von vielen Mitarbeitenden als reine Pflichtübung betrachtet, ohne dass ein tieferes Verständnis oder eine Kultur der Integrität und Transparenz vorherrscht.
> - **Soll-Zustand:** Um die Compliance-Funktion frühzeitig in die Entscheidungsfindung einbinden zu können soll der CCO einen festen Platz im Vorstand erhalten. Dies ermöglicht es dem Unternehmen, Compliance-Risiken bereits in der frühen Phase der Entscheidungsfindung proaktiv zu identifizieren und zu mindern. Zudem ist es wichtig, Compliance als integralen Bestandteil der Unternehmenskultur zu etablieren und im Mindset der Mitarbeitenden zu verankern. Dies soll durch regelmäßige Schulungen und Sensibilisierungsmaßnahmen sowie durch eine strukturierte Kommunikation zwischen der Compliance-Abteilung und anderen Bereichen erreicht werden. Dabei wird der Informationsaustausch gefördert und sichergestellt, dass Mitarbeitende die Richtlinien verstehen und in ihrer täglichen Arbeit, sowie in Entscheidungssituationen anwenden können. Zudem sollen durch eine gründliche Analyse Bereiche mit hoher Compliance-Relevanz identifiziert und

priorisiert werden, um Risiken frühzeitig zu erkennen und zu minimieren. Dabei werden beispielsweise branchenspezifische Vorschriften und Standards berücksichtigt sowie Erkenntnisse aus vergangenen Risiken und Verstößen in die Überlegungen einbezogen.

Beispielfragen für ein Self-Assessment zum Stellhebel „Einfluss von Compliance auf Entscheidungen":

- Spielt die Compliance eine wichtige Rolle bei der (strategischen) Entscheidungsfindung?
- Hat der Chief Compliance Officer einen Sitz am Entscheidungstisch?
- Werden Entscheidungen im Unternehmen, wo erforderlich, unter Berücksichtigung von Compliance getroffen?
- Spielen die Entscheidungen i. d. R. die Beurteilungen aus Compliance-Sicht wieder?
- Wird bei der Entscheidungsfindung großen Wert auf die Meinung der Compliance gelegt?

Compliance-Kompetenz

Compliance-Kompetenz beschreibt die Fähigkeit der Mitarbeitenden, potenzielle Compliance-Risiken zu erkennen, angemessen darauf zu reagieren und geeignete Maßnahmen zu ergreifen. Wichtig ist die Ergänzung, dass neben fachlichen Fähigkeiten auch die Sozialkompetenz von an der Compliance Beteiligten dazugehört.

Die Entwicklung von Compliance-Kompetenz ist von entscheidender Bedeutung für Unternehmen, um sicherzustellen, dass Mitarbeitende, auch über die Compliance-Abteilung hinaus, über das erforderliche Know-how verfügen. Dies umfasst nicht nur ein grundlegendes Verständnis der Compliance-Standards und -Richtlinien, sondern auch die Fähigkeit, diese in konkreten Situationen anzuwenden. Compliance-Kompetenz beschreibt die Fähigkeit der Mitarbeitenden, potenzielle Compliance-Risiken zu erkennen, angemessen darauf zu reagieren und geeignete Maßnahmen zu ergreifen. Dieses Know-how ist essenziell, um

Fehler aufgrund von mangelndem Fachwissen zu vermeiden und bestehende Diskrepanzen zwischen den Abteilungen zu minimieren. Ebenso wird die Fähigkeit adressiert, das gesamte Compliance-Management-System beurteilen und Verbesserungen anbringen zu können, um den Compliance-Erfolg zu erhöhen.

Überlegungen aus der Prinzipal-Agenturtheorie stützen bekräftigen den positiven Zusammenhang zwischen Compliance-Kompetenzen und dem Compliance-Erfolg. Risiken der Non-Compliance auf Seiten des Prinzipals (z. B. Eigentümer), das durch fehlende oder fehlerhafte Ausführung von Compliance-Maßnahmen durch die Agenten (z. B. Unternehmensleitung) eintreten kann, wird durch das Vorhandensein von Compliance-Kompetenzen reduziert. Ebenso lernen Mitarbeitende in Unternehmen, welche die Relevanz einer wirksamen Compliance betonen, dass bei Nicht-Erreichen der Compliance-Ziele negative Konsequenzen drohen (Hunziker, 2015; Hutzschenreuter, 2009).

Die vorliegende Studie zeigt, dass dieser Stellhebel erheblichen Einfluss auf die Effektivität und Effizienz der Compliance hat und somit großes Verbesserungspotenzial bietet. Um die Compliance-Kompetenz im Unternehmen zu fördern, können Unternehmen folgende Maßnahmen ergreifen:

Entwicklung von Compliance-Richtlinien und -Verfahren
Um eine hohe Compliance-Kompetenz im Unternehmen zu gewährleisten, sollten Unternehmen klare Richtlinien und Verfahren für die Einhaltung von Compliance-Vorschriften entwickeln und kommunizieren. Diese Richtlinien sollten leicht verständlich sein und praktische Anleitungen für Mitarbeitende enthalten, wie sie sich in verschiedenen Compliance-Situationen verhalten sollen. Darüber hinaus sollten die Richtlinien regelmäßig überprüft und aktualisiert werden, um sicherzustellen, dass sie den neuesten gesetzlichen Anforderungen und Best Practices entsprechen. Zur effektiven Kommunikation der Richtlinien und Verfahren ist es entscheidend, dass die Mitarbeitenden regelmäßig über die wichtigsten Compliance-Themen und Verhaltensregeln informiert werden.

Schulungen und Sensibilisierung
Um ein grundlegendes Verständnis für die Compliance-Anforderungen des Unternehmens zu entwickeln, müssen die Mitarbeitenden regelmäßig geschult und sensibilisiert werden (Staatssekretariat für Wirtschaft et al., 2017). Dies kann durch Schulungen, Workshops und Schulungsmaterialien erfolgen. Dabei ist es wichtig, dass diese auf die spezifischen Bedürfnisse und Herausforderungen des Unternehmens zugeschnitten sind, um die Schulungsinhalte relevant und praxisnah zu gestalten.

Indem die Schulungen sich auf die konkreten Anforderungen, Geschäftsprozesse und Compliance-Risiken des Unternehmens konzentrieren, können die Mitarbeitenden besser verstehen, wie sie die Compliance-Prinzipien in ihrem täglichen Arbeitsumfeld anwenden können. Dadurch wird sichergestellt, dass die Schulungsinhalte direkt auf die praktischen Situationen und Arbeitsabläufe der Mitarbeitenden anwendbar sind. Dies trägt wiederum dazu bei, dass die Schulungen effektiver sind und die Mitarbeitenden besser in der Lage sind, die Compliance-Standards im Unternehmen umzusetzen.

Klare Kommunikation der Erwartungen des Managements
Zudem sollten die Erwartungen des Managements bezüglich Ethik und Integrität klar und transparent im Unternehmen kommuniziert werden, indem das Ausmaß der Compliance festgelegt und den einzelnen Abteilungen kommuniziert wird.

Integration in Geschäftsprozesse und -entscheidungen
Compliance-Kompetenz sollte in alle Geschäftsprozesse und -entscheidungen integriert werden, um sicherzustellen, dass Compliance nicht als separate Aufgabe, sondern als integraler Bestandteil der Unternehmenstätigkeit betrachtet wird. Die Compliance-Aktivitäten sollten daher fest in der Unternehmensführung und -strategie verankert sein und klare Richtlinien enthalten, um den Mitarbeitenden zu helfen, Compliance-Standards im täglichen Arbeitsumfeld umzusetzen. Hierfür spielen Führungskräfte eine zentrale Rolle, indem sie die Richtung vorgeben und sicherstellen, dass Compliance nicht nur als formale Pflicht betrachtet wird, sondern als Teil der Unternehmenskultur.

> **Beispiel**
>
> - **Ist-Zustand:** Die Analyse des Ist-Zustandes eines Schweizer Industrieunternehmens hat ergeben, dass eine gewisse Compliance-Kompetenz im Unternehmen vorhanden ist. Allerdings zeigt sich, dass diese Kompetenz nicht gleichmässig in allen Bereichen verteilt ist. In einigen Abteilungen ist das Know-How der Mitarbeitenden in Bezug auf Compliance hoch und gut entwickelt, während diesbezüglich in anderen Bereichen gewisse Herausforderung bestehen. Während im Unternehmen klare Richtlinien und Verfahren für die Einhaltung von Compliance-Vorschriften entwickelt wurden, ist sich nicht jeder Mitarbeitende über das Vorhandensein und die Wichtigkeit dieser Dokumente bewusst. Des Weiteren stehen einige Mitarbeitenden dem Sinn der Compliance-Aktivitäten kritisch gegenüber, da sie das Gefühl haben, dass die Vorschriften zu abstrakt und im täglichen Arbeitsumfeld schwer umzusetzen sind.
> - **Soll-Zustand:** Um das Know-how der Mitarbeitenden über das gesamte Unternehmen hinweg zu stärken, ist eine effektive Kommunikation der Compliance-Richtlinien und Verfahren von entscheidender Bedeutung. Hierzu sollen regelmäßig Informationsveranstaltungen, wie Schulungen oder Workshops, stattfinden, bei denen die Mitarbeitenden über die wichtigsten Compliance-Themen und Verhaltensregeln informiert werden. Zudem ist es wichtig, dass das Management seine Erwartungen in Bezug auf Ethik und Integrität klar und transparent kommuniziert. Dadurch wird sichergestellt, dass alle Mitarbeitenden einerseits die Bedeutung der Compliance-Aktivitäten erkennen und schätzen und diese andererseits in wichtige Entscheidungen eingebunden werden. Ausserdem ist eine Überarbeitung der geltenden Richtlinien und Verfahren notwendig, um diese an den konkreten Anforderungen, Geschäftsprozessen und Compliance-Risiken des Unternehmens auszurichten. So sind die Inhalte für die Mitarbeitenden verständlich und können im täglichen Arbeitsumfeld besser angewandt werden.

Beispielfragen für ein Self-Assessment zum Stellhebel „Compliance-Kompetenz":

- Ist das notwendige Compliance-Wissen im Unternehmen vorhanden und falls nötig schnell abrufbar?
- Werden Compliance-Aktivitäten von den Führungskräften bzw. Mitarbeitenden geschätzt?
- Werden Mitarbeitende unterstützt und ermutigt, Compliance-relevante Weiterbildungen zu besuchen?

- Gibt es ausreichend Möglichkeiten, sich intern im Bereich Compliance Management weiterzubilden?
- Treten aufgrund mangelnder Compliance-Kompetenz Fehler auf?
- Besteht ein Bedarf an zusätzlichem Compliance-Wissen im Unternehmen?

Anpassungsfähigkeit der Compliance

Unternehmen müssen jederzeit gesetzeskonform agieren und sollen gleichzeitig flexibel und reaktionsschnell auf Veränderungen im Umfeld reagieren. Ziel dabei ist es, ein dynamisches und proaktives Compliance-Management zu gewährleisten, das in der Lage ist, auf Veränderungen in der Geschäftsumgebung schnell und effizient zu reagieren. Dies trägt nicht nur zur Einhaltung gesetzlicher Anforderungen bei, sondern unterstützt auch die strategischen und operativen Ziele des Unternehmens, fördert eine ethische Unternehmenskultur und stärkt die Wettbewerbsfähigkeit.

Die Anpassungsfähigkeit der Compliance kann durch folgende Maßnahmen im Unternehmen gefördert werden:

Marktorientierung der Compliance-Funktion
Um ein tiefes Verständnis der Marktbedingungen und Geschäftsprioritäten zu entwickeln ist eine enge Zusammenarbeit zwischen der Compliance-Abteilung und den operativen Geschäftsbereichen elementar. Dabei wird, wie oben bereits erwähnt, durch den Sitz des CCO im Vorstand eine direkte Verbindung zwischen Compliance-Strategie und Geschäftsstrategie geschaffen. Diese enge Zusammenarbeit ermöglicht es der Compliance-Funktion, frühzeitig relevante Marktveränderungen zu identifizieren und Compliance-Richtlinien entsprechend anzupassen.

Gleichzeitig trägt die marktorientierte Ausrichtung der Compliance-Abteilung zur Entwicklung innovativer Geschäftsstrategien bei, was sowohl die Einhaltung gesetzlicher Vorgaben als auch die Schaffung eines Wettbewerbsvorteils unterstützt. Diese Herangehensweise stärkt die Rolle der Compliance-Abteilung als strategischer Partner und fördert die effektive Umsetzung der Unternehmensziele.

Vermeidung von Silodenken

Die Compliance-Funktion sollte als verbindendes Element im Unternehmen agieren, das bereichsübergreifende Kommunikation und Zusammenarbeit fördert, um so schließlich Silodenken im Unternehmen zu vermeiden. Durch den Abbau von Informations- und Kommunikationsbarrieren kann sichergestellt werden, dass Compliance-Themen umfassend und unter Berücksichtigung aller relevanten Perspektiven behandelt werden. Dabei können regelmäßige bereichsübergreifende Meetings und Workshops den Austausch von Informationen und Best Practices fördern. Dies führt zu einer stärkeren Einbindung der Mitarbeitenden in Compliance-Prozesse und erhöht die Akzeptanz und das Verständnis für Compliance-Maßnahmen im gesamten Unternehmen.

Reaktionsfähigkeit auf Marktveränderungen:

Die Fähigkeit, schnell auf Marktveränderungen zu reagieren, ist für ein erfolgreiches Compliance-Management unerlässlich. Die Compliance-Abteilung muss in der Lage sein, flexibel auf neue gesetzliche Anforderungen und Marktbedingungen zu reagieren. Dies erfordert eine kontinuierliche Beobachtung des rechtlichen und wirtschaftlichen Umfelds sowie die Bereitschaft, bestehende Compliance-Prozesse und -Richtlinien regelmäßig zu überprüfen und anzupassen. Eine agile Compliance-Funktion trägt dazu bei, Risiken frühzeitig zu erkennen und zu reduzieren, wodurch das Unternehmen seine Wettbewerbsfähigkeit erhält und stärkt.

Beispiel

- **Ist-Zustand:** Eine international tätige Schweizer Bank verfügt über ein solides Compliance-Management. Im Gespräch mit unterschiedlichen Geschäftsbereichen zeigt sich jedoch, dass die Compliance-Abteilung als eigenständige Abteilung und fern vom operativen Geschäft betrachtet wird. Die Compliance-Vorgaben und -Richtlinien werden von den Mitarbeitenden anderer Abteilungen als notwendiges Übel und teilweise als geschäftsbehindernd eingeschätzt. Zudem sind die Compliance-Prozesse starr und können nicht flexibel an das sich ändernde Geschäftsumfeld angepasst werden.

- **Soll-Zustand:** Um die Effektivität des Compliance-Managements zu verbessern, sollen sowohl eine bereichsübergreifende Kommunikation und Zusammenarbeit als auch eine marktorientierte Ausrichtung gefördert werden. In regelmäßigen Meetings mit den verschiedenen Geschäftsbereichen wird so ein gemeinsames Verständnis für die strategischen Geschäftsziele und Marktbedingungen etabliert. Dadurch können alle relevanten Perspektiven, von Compliance über die operativen Geschäftsbereiche hinweg, berücksichtigt werden. Dies führt zu einer höheren Akzeptanz und einem besseren Verständnis für Compliance-Maßnahmen im gesamten Unternehmen, und schließlich zu einer besseren Umsetzung. Zudem soll die Compliance-Funktion in strategische Entscheidungen des operativen Geschäfts frühzeitig miteingebunden werden, um ein tieferes Verständnis der Marktbedingungen und eine frühzeitige Reaktion auf Veränderungen zu ermöglichen. Darüber hinaus ist es notwendig die Compliance-Richtlinien flexibler zu gestalten, um schnell und effizient auf neue gesetzliche Anforderungen und Marktveränderungen reagieren zu können, was zur Stärkung der Wettbewerbsfähigkeit und zur Förderung einer ethischen Unternehmenskultur beiträgt.

Beispielfragen für ein Self-Assessment zum Stellhebel „Anpassungsfähigkeit der Compliance":

- Führen identifizierte Compliance-Risiken schnell zu einer Anpassung der Compliance im Unternehmen?
- Wird die Compliance umgehend an neue Bedürfnisse der Unternehmensleitung angepasst?
- Wird die Compliance bei organisatorischen Änderungen an die neue Situation adaptiert?
- Ist die Dynamik der Compliance zufriedenstellend?
- Beobachtet die Compliance die Entwicklungen im Unternehmensumfeld proaktiv, um rechtzeitig und angemessen darauf reagieren zu können?

Einhaltung und Umsetzung der geltenden Verhaltensnormen

Die Einhaltung und Umsetzung von geltenden Verhaltensnormen ist für Unternehmen von entscheidender Bedeutung, um rechtliche Risiken zu minimieren und langfristigen Erfolg zu sichern. Solche Normen betreffen verschiedene Bereiche wie Datenschutz, Anti-Korruption, Umweltschutz und Arbeitsrecht und sind oft in internen Richtlinien und Verhaltenskodizes festgelegt. Sie dienen nicht nur der Risikoidentifikation und -bewertung, sondern auch der Sicherstellung einer ethischen Unternehmenskultur. Folgende Maßnahmen tragen dazu bei, die Einhaltung und Umsetzung der geltenden Verhaltensnormen im Unternehmen sicherzustellen:

Überprüfung und Anpassung der Anreizsysteme
Unternehmen sollten ihre Anreizsysteme kritisch überprüfen, um sicherzustellen, dass diese nicht dazu führen, dass Mitarbeitende ethische Standards vernachlässigen. Ein angemessenes Anreizsystem belohnt nicht nur das Erreichen von Geschäftszielen, sondern berücksichtigt auch die Einhaltung von Verhaltensnormen. Dadurch wird ein gesundes Arbeitsumfeld gefördert, in dem Mitarbeitende proaktiv und aus eigenem Interesse ethisch und integer handeln, ohne unangemessenen Druck Ziele erreichen zu müssen, die nur durch unethisch verhalten (z. B. Korruptionszahlungen) möglich wären. (Becker et al., 2012).

Belohnungssystem für ethisches Verhalten
Um die Einhaltung der Verhaltensnormen zu fördern, könnten Unternehmen zudem ein Belohnungssystem einführen, das nicht nur das Endergebnis, sondern auch die Art und Weise, wie dieses erreicht wurde, berücksichtigt (Becker et al., 2012). Dies motiviert Mitarbeitende, sich an ethische Standards zu halten und trägt zur langfristigen Entwicklung einer integren Unternehmenskultur bei.

Einbindung der Führungsebene
Die Führungsebene eines Unternehmens muss die Verhaltensnormen aktiv unterstützen und vorleben. Führungskräfte sollten als Vorbilder fungieren und sicherstellen, dass die Normen konsequent und fair angewendet werden.

Beispielfragen für ein Self-Assessment zum Stellhebel „Einhaltung und Umsetzung der geltenden Verhaltensnormen":

- Kennen die Mitarbeitenden die geltenden Verhaltensnormen des Unternehmens?
- Verstehen die Mitarbeitenden die geltenden Verhaltensnormen des Unternehmens ausreichend?
- Setzen die Mitarbeitenden die Verhaltensnormen des Unternehmens um?
- Werden die Mitarbeitenden für das Arbeitsergebnis und für die Art und Weise, wie sie dieses erzielt haben, belohnt?
- Fühlen sich die Mitarbeitenden unter Druck gesetzt (z. B. wegen dem Bonussystem), die Geschäftsziele erreichen zu müssen?

Überwachung der Compliance

Veränderungen, welche die Compliance tangieren, haben zahlreiche Ursachen. Personalfluktuation, neue Informationssysteme, Unternehmenszukäufe sowie sich schnell ändernde regulatorische Anforderungen sind einige Gründe dafür. Auch Anpassungen der Unternehmensstrategie lösen zeitlich verzögerte Veränderungen operativer Prozesse aus, was zu Anpassungen prozessintegrierter Compliance-Mechanismen führt (Hunziker, 2015).

Somit ist es in einem zunehmend komplexen regulatorischen Umfeld ist es unerlässlich, die Compliance-Maßnahmen proaktiv und transparent zu überwachen, um die Einhaltung interner Richtlinien, gesetzlicher Vorgaben und ethischer Standards zu gewährleisten. Dabei muss sichergestellt werden, dass sie den Anforderungen entsprechen und gegebenenfalls angepasst werden können. Folgende Maßnahmen können Unternehmen dabei unterstützen, die Überwachung der Compliance zu stärken:

Regelmäßige Berichterstattung und Transparenz

Eine transparente und regelmäßige Berichterstattung ist essenziell für eine effektive Compliance-Überwachung. Unternehmen sollten kontinuierlich Berichte über den Stand der Compliance erstellen und diese an die Unternehmensleitung sowie relevante Stakeholder kommunizieren. Diese Berichte sollten klar und verständlich sein, konkrete Handlungsempfehlungen enthalten und sicherstellen, dass alle Beteiligten über aktuelle Risiken und Maßnahmen informiert sind.

Integration in die operativen Geschäftsprozesse

Ausserdem ist die Integration der Compliance-Überwachung in die operativen Geschäftsprozesse essenziell, um sicherzustellen, dass Compliance nicht isoliert betrachtet wird, sondern integraler Bestandteil der Unternehmenskultur und Entscheidungsfindung ist.

Überwachung der Korrektur von Compliance-Mängeln

Die Korrektur von identifizierten Compliance-Mängeln wird angemessen überwacht, um sicherzustellen, dass die erforderlichen Maßnahmen effektiv umgesetzt werden. Durch eine angemessene Überwachung wird sichergestellt, dass die eingeleiteten Maßnahmen zur Behebung der Compliance-Mängel wirksam sind und die erforderlichen Änderungen tatsächlich umgesetzt werden.

Klare Zuweisung von Rollen und Verantwortlichkeiten

Zudem ist es ist wichtig, klare Rollen und Verantwortlichkeiten im Zusammenhang mit Compliance auf allen Ebenen des Unternehmens festzulegen. Dies beinhaltet die Benennung eines Compliance-Beauftragten oder Teams, das für die Überwachung und Implementierung von Compliance-Maßnahmen verantwortlich ist, sowie die Festlegung von Zuständigkeiten für verschiedene Compliance-Bereiche innerhalb des Unternehmens.

Implementierung von Meldekanälen und Whistleblowing-Systemen

Um die Einhaltung von Compliance-Richtlinien sicherzustellen, sollten Unternehmen sichere und anonyme Meldewege einrichten, die es Mitarbeitenden ermöglichen, Verstöße oder Bedenken vertraulich zu melden. Ein effektives Whistleblowing-System schützt die Identität der Meldenden und gewährleistet, dass alle eingehenden Meldungen ernst genommen und gründlich untersucht werden. Dies schafft ein Umfeld, in dem Mitarbeitende sich sicher fühlen, Fehlverhalten zu melden, und trägt zur frühzeitigen Identifikation und Behebung von Unregelmäßigkeiten und Verstößen bei.

Durchführung regelmäßiger Audits und Kontrollen
Regelmäßige Audits und Kontrollen sind unerlässlich, um die Einhaltung von Compliance-Vorgaben zu überprüfen und potenzielle Schwachstellen im Unternehmen zu identifizieren. Interne und externe Audits sollten systematisch geplant und durchgeführt werden, um sicherzustellen, dass alle relevanten Prozesse und Richtlinien eingehalten werden. Dabei haben sich unangekündigte, stichprobenartige Kontrollen, die von unabhängiger Seite durchgeführt werden, als besonders wirkungsvoll erwiesen (Becker et al., 2012). Zudem können Unternehmen durch die lückenlose Dokumentation der Geschäftsvorgänge, die konsequente Anwendung des Vier-Augen-Prinzips und die Ausweitung der Kontrollen auf externe Anspruchsgruppen, wie Lieferanten oder vom Unternehmen beauftragte Agenten, die Einhaltung der Verhaltensnormen weiter stärken (Staatssekretariat für Wirtschaft et al., 2017; Becker et al., 2012). Die Ergebnisse dieser Kontrollmaßnahmen liefern wertvolle Einblicke und dienen als Grundlage für kontinuierliche Verbesserungen und die Anpassung der Compliance-Strategie an sich ändernde Anforderungen und Risiken.

Beispiel

- **Ist-Zustand:** Die Überwachung der Compliance eines Schweizer Versicherungsunternehmens weist mehrere Schwachstellen auf. Zwar existiert ein Whistleblowing-System zur Meldung von Unregelmässigkeiten und Verstößen, jedoch wird dieses nicht regelmäßig überwacht bzw. ausgewertet. Das Meldesystem wird derzeit manuell über Excel-Listen von der Compliance-Abteilung verwaltet, eine systematische Erfassung und Bearbeitung von eingehenden Meldungen ist nicht vorhanden, wodurch die Transparenz über eingegangene Meldungen sowie deren Bearbeitungsstatus unzureichend ist. Zudem fühlt sich, trotz klarer Zuweisung von Rollen und Verantwortlichkeiten auf dem

Handlungsempfehlungen zur Optimierung des ... 91

> Papier, niemand für die Überwachung und Kontrolle der Compliance-Maßnahmen verantwortlich. Audits werden von der Compliance-Abteilung zwar durchgeführt, jedoch wissen die kontrollierten Unternehmensbereiche vorher Bescheid, und bereiten sich auf die Kontrollen vor. Zudem fliessen diese Ergebnisse nicht angemessen in die Planung der Compliance-Aktivitäten zurück.
>
> - **Soll-Zustand:** Um eine effektive Compliance Überwachung sicherzustellen, sollen klare Richtlinien für die regelmäßige Erstellung und transparente Kommunikation von Compliance-Berichten eingeführt werden. Diese Berichte enthalten detaillierte Informationen über den Stand der Compliance, einschließlich konkreter Handlungsempfehlungen zur Risikominimierung und -vermeidung. Die Rollenverteilung bzw. -beschreibungen müssen überarbeitet werden, um klare Verantwortlichkeiten festzulegen. Somit ist strikt geregelt, welche Schlüsselperson für die Überwachung der Compliance zuständig ist und diese vorantreiben soll. Bezüglich Audits ist es anzustreben, diese unangekündigt und stichprobenartig von einer unabhängigen Stelle durchführen zu lassen, um zu gewährleisten, dass diese wirkungsvoll sind. Ausserdem wird eine bessere Verknüpfung der Ergebnisse der Audits mit den Compliance-Aktivitäten angestrebt.

Beispielfragen für ein Self-Assessment zum Stellhebel „Überwachung der Compliance":

- Existieren Mechanismen zur schnellen Erfassung von Compliance-Mängeln?
- Werden Hinweise und Empfehlungen von der internen und externen Revision zeitnah analysiert und ggf. umgesetzt?
- Werden identifizierte Kontrollschwächen unverzüglich den zuständigen Stellen weitergeleitet?
- Sind Prozesse im Unternehmen vorhanden, welche die Wirksamkeit der Corporate Compliance regelmässig überprüfen?
- Wird die Korrektur von Compliance-Mängeln angemessen überwacht?
- Ist die Compliance-Überwachung vollständig in die operativen Geschäftsprozesse integriert?
- Erfolgt die Compliance-Überwachung in angemessenen Zeitabständen?

Compliance-Risk-Assessment

Das Compliance-Risk-Assessment ist Bestandteil jedes Compliance-Management-Systems. Es hilft Unternehmen, Risiken im Zusammenhang mit rechtlichen und regulatorischen Anforderungen rechtzeitig zu erkennen, zu bewerten und zu bewältigen. Durch die Durchführung von Risikobewertungen können Unternehmen potenzielle Compliance-Fallen proaktiv angehen und ihre finanzielle Stabilität, ihre Reputation und ihre betriebliche Integrität bestmöglich schützen.

Compliance-Risiken sind Risiken, die aus Strafen und anderen Konsequenzen für die Nichteinhaltung von Vorschriften und den damit verbundenen Reputationsrisiken hervorgehen. Nachfolgend sind entsprechende Beispiele aufgeführt (Benedek & Bognar, 2024):

- Betrug
- Diebstahl
- Bestechung
- Geldwäsche
- Unterschlagung
- Verstöße gegen Datenschutzgesetze
- Illegale Umweltverschmutzung, Umweltschäden
- Verstöße gegen Arbeitsschutzbestimmungen

Das Compliance-Risk-Assessment als integraler Bestandteil des unternehmensweiten Risikomanagements bietet Unternehmen die Möglichkeit potenzielle Risiken zu identifizieren und diese nach ihrer Dringlichkeit und Auswirkung zu priorisieren. Durch ein umfassendes Compliance-Risk-Assessment, das das Schadenspotenzial von Compliance-Risiken berücksichtigt, können Unternehmen effektive Gegenmaßnahmen ableiten und implementieren. Folgende Maßnahmen können zu einem effektiven Compliance Risk-Assessment beitragen:

Klare Definition von Compliance-Risiken
Es ist wichtig, ein klares Verständnis von Compliance-Risiken im Unternehmen zu etablieren. Zum Beispiel, ist folgende Definition sinnvoll und

breit akzeptiert: Compliance Risiken sind Risiken rechtlicher (oder ggf. aufsichtsrechtlicher) Sanktionen, erheblicher finanzieller Verluste oder Reputationsverluste, die ein Unternehmen erleiden kann, wenn es die für ihre geschäftlichen Tätigkeiten geltenden Gesetze, Vorschriften, Regeln, Standards der entsprechenden Selbstregulierungsorganisationen und Verhaltenskodizes nicht einhält (Losiewicz-Dniestrzanska, 2015; Birindelli & Ferretti, 2013).

Umfassende Risikoidentifikation und -bewertung
Die Identifikation, Bewertung und Steuerung von Compliance-Risiken sollte alle Unternehmenseinheiten umfassen. Durch einen integrativen Ansatz und den Austausch relevanter Informationen wird sichergestellt, dass die unterschiedlichen Perspektiven berücksichtigt und keine Risiken übersehen werden. Dies bietet eine ganzheitliche Sicht auf die Compliance-Risiken und stärkt die Fähigkeit, Risiken frühzeitig zu erkennen und effektiv zu managen.

Berücksichtigung des Schadenspotenzials
Das Schadenspotenzial, einschließlich Wirkungsdauer und Intensität, sollte bei der Bewertung von Compliance-Risiken integriert werden. Dies ermöglicht eine Priorisierung der Risiken nach Schwere und Wahrscheinlichkeit. Unternehmen können so die schwerwiegendsten Risiken identifizieren und gezielte Maßnahmen zur Risikominderung entwickeln und implementieren.

Entwicklung von Massnahmen
Nach der Bewertung der Compliance-Risiken müssen geeigneter Ressourcen und Verfahren zur Bewältigung entwickelt und umgesetzt werden. Die Compliance-Risikobewertung bietet die Gelegenheit, neue Kontrollen und Maßnahmen einzuführen und manuelle, ineffektive oder redundante Steuerungsinstrumente zu aktualisieren bzw. zu automatisieren, um die Compliance-Risiken zu mindern. Beispiele für risikomindernde Maßnahmen sind Schulungen, Aufgabentrennung, Anwendung des Vier-Augen-Prinzips, Rechtsgutachten, physische Sicherheit, IT-System-Maßnahmen sowie entsprechende Effektivitäts-Tests dieser Maßnahmen (Nicolas & May, 2017).

Einige Maßnahmen zur Steuerung der Compliance-Risiken sind bereits mit dem operativen Risikomanagement im Rahmen von Frühwarnindikatoren abgedeckt. Entsprechende Frühwarnindikatoren können u. a. auf Daten zurückgreifen, wie z. B. auf die Anzahl überfälliger oder veralteter Maßnahmen, die Anzahl Kundenbeschwerden oder die Anzahl aufgedeckter Compliance-Verstöße (Benedek & Bognar, 2024).

Integration ins Risikomanagement
Die Identifikation, Bewertung und Steuerung von Compliance-Risiken sollte fest in das unternehmensweite Risikomanagement integriert werden. Dadurch wird sichergestellt, dass Compliance-Risiken systematisch und kontinuierlich überwacht und gemanagt werden, und dass alle Maßnahmen zur Risikominimierung in die allgemeine Risikostrategie des Unternehmens eingebettet sind.

Beispielfragen für ein Self-Assessment zum Stellhebel „Compliance-Risk-Assessment":

- Erfolgt die Identifikation, Bewertung und Steuerung von Compliance-Risiken über alle Unternehmenseinheiten hinweg?
- Berücksichtigten die Identifikation, Bewertung und Steuerung von Compliance-Risiken auch Veränderungen im externen Umfeld des Unternehmens?
- Erfolgt die Identifikation, Bewertung und Steuerung von Compliance-Risiken hierarchieübergreifend?
- Wird das Schadenspotenzial von Compliance-Risiken (z. B. Wirkungsdauer und Intensität) bei der Identifikation, Bewertung und Steuerung berücksichtigt?
- Werden auf Grundlage der Identifikation, Bewertung und Steuerung von Compliance-Risiken Gegenmaßnahmen abgeleitet und entsprechend implementiert?
- Sind die Identifikation, Bewertung und Steuerung von Compliance-Risiken integraler Bestandteil des unternehmensweiten Risikomanagements?

Umgang mit Meldungen von Verstössen

Der Umgang mit Meldungen von Verstößen ist ein zentrales Element für die Aufrechterhaltung der Integrität und des Vertrauens innerhalb eines Unternehmens. Dabei ist es elementar, alle eingehenden Meldungen sorgfältig und gründlich zu untersuchen und diese vertraulich zu behandeln, um die Identität der meldenden Person zu schützen. Folgende Maßnahmen stellen einen transparenten, fairen und effektiven Umgang mit Meldungen von Verstößen sicher:

Vertraulichkeit der Meldungen sicherstellen
Um sicherzustellen, dass Meldungen zu potenziellem Fehlverhalten gemacht werden, muss den Hinweisgebenden Vertraulichkeit zugesichert werden. Dabei sollte festgelegt sein, wer Zugang zu den Informationen hat und wie diese Informationen sicher verwaltet werden. Technische Maßnahmen, wie verschlüsselte Kommunikationskanäle und sichere Datenspeicherung, tragen zusätzlich zur Wahrung der Vertraulichkeit bei.

Implementierung und Nutzung von Hinweisgebersystemen
Hinweisgebersysteme, wie eine Whistleblowing-Hotline, bieten Mitarbeitenden eine zusätzliche, anonyme Möglichkeit, Verstöße zu melden. Die Effektivität dieser Systeme hängt von ihrer Erreichbarkeit, Benutzerfreundlichkeit und der Gewissheit ab, dass gemeldete Informationen ernst genommen und bearbeitet werden. Ein breites Spektrum an Meldekanälen gewährleistet, dass die Meldestelle für alle Anspruchsgruppen leicht zugänglich ist und problemlos genutzt werden kann (Blumer et al., 2017).

Hinweisgebende und Anspruchsgruppen informieren
Sobald eine Meldung eingeht, sollte die hinweisgebende Person innerhalb eines angemessenen Zeitraums über die Bearbeitung der Meldung informiert werden und anschließend regelmäßige Updates zum Fortschritt erhalten. Ausserdem ist es empfehlenswert, über die Aufdeckung und Behebung von Missständen in den internen Kommunikationskanälen des Unternehmens angemessen zu berichten. Dies zeigt auf, dass

die Unternehmensleitung Compliance ernst nimmt und motiviert alle Anspruchsgruppen, Beobachtungen von Missständen zu melden (Blumer et al., 2017).

Gründliche und transparente Untersuchung
Eine systematische Vorgehensweise zur Untersuchung gemeldeter Verstöße sollte etabliert werden. Dies umfasst die Definition von Prozessen und Zuständigkeiten, um eine gründliche und objektive Untersuchung zu gewährleisten. Transparenz in den Abläufen und regelmäßige Kommunikation über den Fortschritt der Untersuchung (im Rahmen der Vertraulichkeit) fördern das Vertrauen der Belegschaft. Alle Maßnahmen und Ergebnisse der Untersuchung sollten detailliert dokumentiert werden, um die Nachvollziehbarkeit und Revisionssicherheit zu gewährleisten.

Schutz vor Vergeltung und Repressalien
Um sicherzustellen, dass Melder vor Vergeltung oder Repressalien geschützt sind, sollten umfassende Schutzmechanismen eingeführt werden. Dies kann durch interne Richtlinien und klare Konsequenzen für diejenigen, die Vergeltungsmaßnahmen ergreifen, erreicht werden. Ein System zur Überwachung und Überprüfung von Meldungen und deren Folgen hilft dabei, potenzielle Vergeltungsmaßnahmen frühzeitig zu erkennen und zu unterbinden. Eine Kultur der Offenheit und des Respekts, in der die Wichtigkeit des Meldens von Verstößen anerkannt wird, trägt zum Schutz der Melder bei.

Beispielfragen für ein Self-Assessment zum Stellhebel „Umgang mit Meldungen von Verstössen":

- Wird immer angemessen auf eine Meldung eines Verstoßes im Unternehmen reagiert?
- Wird die Meldung eines Verstoßes vertraulich behandelt?
- Sind alle, die einen Verstoß melden, stets vor Vergeltung oder Repressalien geschützt?

- Werden alle Personen, die nachweislich in einen Verstoß involviert sind, unabhängig von ihrer Stellung im Unternehmen immer angemessen sanktioniert?
- Gibt es neben den hierarchischen Berichtswegen ein Hinweisgebersystem (z. B. Integrity-Line, Whistleblowing-Hotline)?
- Ist die Reaktion des Unternehmens auf eine Meldung insgesamt als sehr positiv zu bewerten?

Tone from the Top

Um eine transparente und ethisch verantwortungsvolle Unternehmenskultur zu etablieren ist es unerlässlich, dass die Unternehmensleitung selbst ethisch und integer handelt und alle Compliance-Richtlinien und -Verfahren einhält. Der Unternehmensleitung wird hierbei eine große Verantwortung zugeschrieben. Indem die Unternehmensleitung klar und glaubwürdig unethisches Verhalten, wie z. B. Korruption, konsequent ablehnt und dies auch vorlebt, fühlen sich die Mitarbeitenden eher verpflichtet, die geltenden Vorschriften und Standards ebenfalls einzuhalten. Somit können wirksame Maßnahmen in den operativen Prozessen umgesetzt und eine ethische Unternehmenskultur geschaffen werden (Becker et al., 2012). Folgende Maßnahmen führen zu einem effektiven „Tone from the Top":

Vorbildfunktion wahrnehmen
Die Unternehmensleitung sollte konsequent als Vorbild agieren, die festgelegten Compliance-Richtlinien und -Verfahren, die unethisches Verhalten ausdrücklich verbieten, strikt einhalten und ihre Verpflichtung und Unterstützung der Unternehmenswerte sichtbar kommunizieren (Staatssekretariat für Wirtschaft et al., 2017).

So senden die Führungskräfte eine starke Botschaft an alle Mitarbeitenden über die Bedeutung von Ethik, Integrität und Verantwortung und zeigen auf, welches Verhalten im Unternehmen akzeptabel ist. Dies stärkt das Vertrauen der Mitarbeitenden in die Unternehmensleitung und das Unternehmen insgesamt und trägt zur Schaffung und Aufrechterhaltung einer ethischen Unternehmenskultur bei.

Hoher Stellenwert von Ethik und Integrität
Unternehmenswerte in Bezug auf Ethik und Integrität sollten stets höchste Priorität im Unternehmen haben. Dies sollte sich auch, wie oben bereits erwähnt, in wichtigen Entscheidungen und in der Unternehmensstrategie widerspiegeln. Ein klares Bekenntnis der Unternehmensleitung zu diesen Werten wird schriftlich in Form von Verhaltensrichtlinien (Code of Conduct) festgehalten und stellt einen wichtigen Eckpfeiler der Compliance dar (Becker et al., 2012). Kurzfristige wirtschaftliche Ziele dürfen niemals auf Kosten der Unternehmenswerte und ethischen Standards erreicht werden.

Offene Kommunikation
Darüber hinaus sollte die Unternehmensleitung regelmäßig und offen, z. B. in Rundschreiben, Meetings oder durch persönliche Gespräche, über die Bedeutung der Unternehmenswerte sprechen. Durch diese Kommunikation wird die Bedeutung von ethischem Verhalten kontinuierlich betont und im Bewusstsein der Mitarbeitenden verankert. Darüber hinaus schafft eine „Politik der offenen Türen" eine offene und transparente Arbeitsumgebung, in der aufgezeigt wird, dass die Unternehmensleitung zugänglich für die Bedenken der Mitarbeitenden ist, und diese sich sicher fühlen können, Hinweise auf fragwürdiges, unethisches oder sogar illegales Verhalten zu melden.

Klare Konsequenzen bei Fehlverhalten
Für unethisches Verhalten sollten klare und transparente Konsequenzen von der Unternehmensleitung definiert, kommuniziert und im Falle eines Verstoßes konsequent durchgesetzt werden. Die Durchsetzung dieser Konsequenzen zeigt den Mitarbeitenden, dass die Unternehmensleitung ihre Werte ernst nimmt und bereit ist, entsprechende Maßnahmen zu ergreifen, um diese zu schützen.

Beispielfragen für ein Self-Assessment zum Stellhebel „Tone from the Top":

- Wird die Unternehmensleitung ihrer Vorbildfunktion gerecht und hält sich selbst auch an die Vorgaben?
- Ist die Unternehmensleitung für die Bedenken der Mitarbeitenden zugänglich, insbesondere wenn diese sich über Verhaltensweisen äußern, die sie für illegal, unethisch oder zumindest fragwürdig halten?
- Reagiert die Unternehmensleitung stets angemessen, wenn sie von Fehlverhalten erfährt?
- Stellt die Unternehmensleitung glaubhaft dar, welches Verhalten im Unternehmen akzeptabel ist und welches nicht?
- Bewertet die Unternehmensleitung Ethik und Werte konsequent höher als das Erreichen kurzfristiger Unternehmensziele?
- Hat die Unternehmensleitung zum Ausdruck gebracht, dass unethisches Verhalten nicht toleriert wird?

Integrität im Unternehmen

Integrität und Ethik sind wesentliche Grundlagen für unternehmerisches Handeln in der heutigen Zeit. Unternehmen, die diese Prinzipien leben, festigen nicht nur ihre Reputation, sondern gewinnen auch das Vertrauen von Kunden, Investoren und der Öffentlichkeit. Dies ist entscheidend für den langfristigen Erfolg des Unternehmens und fördert eine positive Unternehmenskultur, in der das Verhalten der Mitarbeitenden von ethischen Prinzipien und Integrität geleitet wird. Die Erfolgsrelevanz eines angemessenen integren Unternehmensumfeldes wurde in verschiedener Hinsicht bereits empirisch belegt (z. B. Hermanson et al., 2012; Hunziker, 2015). Es besteht also ein Zusammenhang zwischen dem Vorleben ethischer Grundsätze durch die Unternehmensleitung und dem Anpassungsverhalten der Mitarbeitenden an diese Grundsätze (Ardts et al., 2001; Hunziker, 2015). Die folgenden Maßnahmen fördern die Etablierung von Integrität im Unternehmen:

Ethik-Kommission einrichten
Mit der Einrichtung einer Ethik-Kommission wird sichergestellt, dass Fragen der Integrität und Ethik systematisch behandelt werden. Diese Kommission sollte aus einer vielfältigen Gruppe von Mitarbeitenden und Führungskräften bestehen, um eine breite Perspektive und Expertise aus den unterschiedlichen Unternehmensbereichen zu integrieren. Durch regelmäßige Meetings und Berichte an die Geschäftsführung trägt die Ethik-Kommission dazu bei, ethische Überlegungen fest im Unternehmensalltag zu verankern und kontinuierliche Verbesserungen zu fördern (Ferrell et al., 2017).

Transparenz fördern
Im Sinne der Transparenz sollten Unternehmen regelmäßig Berichte über ihre ethischen Praktiken und die Einhaltung von Integritätsstandards veröffentlichen. Darüber hinaus sollten Unternehmen offen über etwaige Verstöße und die daraus resultierenden Maßnahmen kommunizieren. Ein transparenter Umgang mit ethischen Fragen zeigt das Engagement des Unternehmens für Integrität und Ethik (Beschorner & Habisch, 2019).

Integrität in Geschäftsbeziehungen
Es ist nicht nur wichtig, dass die eigenen Mitarbeitenden im Sinne von Integrität und Ethik handeln, sondern auch, dass Geschäftspartner wie Kunden und Lieferanten ethische Standards einhalten. Dies kann durch die Integration klar definierter ethischer Anforderungen in Verträgen und Verhaltenskodizes erreicht werden. Darüber hinaus fördern regelmäßige Schulungen, nicht nur für Mitarbeitende, sondern auch für Geschäftspartner, das Bewusstsein für die Bedeutung von Integrität und Ethik. Schliesslich müssen die Praktiken der Geschäftspartner regelmäßig durch Audits überprüft werden, um eine durchgängige Integrität in allen Geschäftsbeziehungen zu gewährleisten.

Beispielfragen für ein Self-Assessment im zum Stellhebel „Integrität im Unternehmen":

- Sind die Mitarbeitenden immer ethisch und integer in ihrem Verhalten?
- Werden die Erwartungen des Managements bezüglich Ethik und Integrität im Unternehmen klar kommuniziert?

- Sind sich die Mitarbeitenden der Erwartungen des Managements bezüglich Ethik und Integrität bewusst?
- Wird das Verhalten der Mitarbeitenden von ethischen Prinzipien und Integrität geleitet?
- Ist das Unternehmen bereit, von einem lukrativen Geschäft Abstand zu nehmen, wenn es nicht der Ethik und Integrität entspricht?
- Wird Integrität und Ethik vom Management vorgelebt?

Speak-Up Kultur

Unternehmen profitieren von einer Speak-Up-Kultur, in der sensible Themen offen angesprochen werden können. Dabei fördert die Etablierung einer solchen Speak-Up-Kultur Transparenz und Vertrauen im Unternehmen. Mitarbeitende fühlen sich wertgeschätzt, wenn ihre Hinweise zu Fehlverhalten im Unternehmen ernst genommen werden und sie keine Angst vor Repressalien haben müssen (Hauser et al., 2021). Dies trägt dazu bei, dass mehr Meldungen gemacht werden und Probleme somit frühzeitig erkannt und gelöst werden können. Folgende Maßnahmen können dazu beitragen, eine transparente Speak-Up-Kultur im Unternehmen zu etablieren:

Implementierung von Meldekanälen und Whistleblowing-Systemen
Um die Einhaltung von Compliance-Richtlinien zu gewährleisten, sollten Unternehmen Meldekanäle einrichten, die es Mitarbeitenden ermöglichen, Bedenken oder Hinweise zu Verstößen vertraulich zu melden. Ein effektives Whistleblowing-System gewährleistet, dass alle eingehenden Meldungen ernst genommen und gründlich untersucht werden. Dies schafft ein Umfeld, in dem Mitarbeitende sich sicher fühlen, Fehlverhalten zu melden, und trägt zur frühzeitigen Identifikation und Behebung von Unregelmäßigkeiten und Verstößen bei.

Vertrauen in die Meldekanäle etablieren
Um die Bereitschaft der Mitarbeitenden zur Meldung von Missständen zu fördern, ist es wichtig, das Vertrauen in die Meldekanäle zu stärken. Die Zusicherung von Anonymität bei Meldungen kann dabei helfen,

Hemmschwellen abzubauen und den Mitarbeitenden die Möglichkeit zu geben, auch heikle Themen anzusprechen.

Zudem sind Meldekanäle ausserhalb der Linie ein wichtiges Instrument, das es den Mitarbeitenden ermöglicht, ihre Meldungen direkt bei der Meldestelle und unabhängig von der Unternehmenshierarchie abzugeben. So wird sichergestellt, dass die gemeldeten Informationen vertraulich behandelt werden und die meldende Person keine negativen Konsequenzen zu erwarten hat.

Vorbildfunktion des Managements
Führungskräfte spielen eine entscheidende Rolle bei der Förderung einer Speak-Up-Kultur. Indem sie selbst die Werte und Standards des Unternehmens vorleben und eine offene Feedback-Kultur fördern, schaffen sie ein vertrauensvolles Umfeld, in dem sich Mitarbeitenden trauen, ihre Meinung frei zu äussern, auch wenn diese von der Mehrheit abweicht, und sich für relevante Themen zu engagieren.

> **Beispiel**
> - **Ist-Zustand:** Eine international tätige Schweizer Bank hat eine effektive Speak-Up-Kultur in Bezug auf schwerwiegende Verstöße wie Geldwäsche, HR-Themen und Sanktionen, etabliert. Dies wird durch eine hohe Anzahl von Meldungen in diesen Bereichen belegt. Allerdings zeigt sich im Umgang mit scheinbar weniger gravierenden Themen, insbesondere auf Ebene der Mitarbeitenden, wie z. B. Teamprobleme oder Angelegenheiten, die keine Gesetzesverstöße darstellen, dass die Speak-Up Kultur noch verbesserungswürdig ist. Es werden kaum Meldungen gemacht, was darauf hindeutet, dass das Vertrauen und die Offenheit in Bezug auf weniger gravierende Themen bei den Mitarbeitenden noch nicht ausreichend entwickelt sind.
> - **Soll-Zustand:** Der angestrebte Soll-Zustand sieht vor, eine umfassende Speak-Up Kultur auf allen Ebenen des Unternehmens zu etablieren und die Meldung von scheinbar weniger gravierenden Themen zu fördern. Dabei ist es wichtig, Awareness auf allen Ebenen zu schaffen und eine entspannte Atmosphäre zu kreieren, in der das Teilen von Meinungen und das Engagement für relevante Themen als selbstverständlich angesehen werden. Dies beinhaltet eine offene interne Kommunikationskultur, die es Mitarbeitenden ermöglicht, sich über sensible

> Themen auszutauschen, sowie regelmäßige Gelegenheiten für informelle Gespräche über alle Hierarchieebenen hinweg bieten. Dafür ist es wichtig, dass die Unternehmensleitung für Anliegen der Mitarbeitenden zugänglich ist, und klare Erwartungen in Bezug auf Ethik und Integrität kommuniziert und diese selbst vorlebt.

Beispielfragen für ein Self-Assessment zum Stellhebel „Speak-Up Kultur":

- Trauen sich die Mitarbeitenden, sensible Themen offen und ohne Angst vor negativen Konsequenzen anzusprechen?
- Engagieren sich die Mitarbeitenden für Themen, die die Qualität des Arbeitslebens im Team bzw. Unternehmen betreffen?
- Äussern die Mitarbeitenden ihre Meinung und ermutigen andere im Team/Unternehmen, sich für relevante Themen zu engagieren?
- Teilen die Mitarbeitenden anderen im Team/Unternehmen ihre Meinung zu Arbeitsfragen kritisch-konstruktiv mit, selbst wenn sie sich von der Mehrheitsmeinung unterscheidet?
- Bringen sich die Mitarbeitenden im Team bzw. Unternehmen aktiv mit Ideen für neue Projekte oder Änderungen von Verfahren ein?

Unternehmensinterne Kommunikation

Zur Durchführung von Compliance-Maßnahmen müssen Schnittstellen und Abhängigkeiten zwischen Mitarbeitenden und Hierarchiestufen überwunden werden. Die unternehmensinterne Kommunikation, hier primär die informell geprägte, ist ein Instrument zur Deckung dieses internen Koordinationsbedarfs. Falls in Unternehmen viele Interaktionsbarrieren bestehen, kann der Wille und die Möglichkeit reduziert werden, festgestellte Compliance-Mängel bzw. Verbesserungsvorschläge zur Compliance an entsprechende Stellen im Unternehmen zu kommunizieren. Dies kann eine negative Auswirkung auf den Compliance-Erfolg ausüben.

Kommunikationsbarrieren können zu unklaren Erwartungen an die Mitarbeitenden der Compliance führen. Deshalb ist es erstrebenswert, einen hohen Grad an unternehmensinterner Kommunikation anzustreben, damit relevante Informationen zur Compliance durch interne, informelle Interaktion einfach und zeitnah transportiert werden können (Hunziker, 2015; Pfister, 2009).

Zum Beispiel, fördert ein hoher Grad an Interaktion die Verbreitung von relevanten Informationen zur Durchführung von Control-Mechanismen zwischen verschiedenen Unternehmensbereichen (Zahra, 1991; Schmelter (2009); zitiert in Hunziker, 2015).

Geringe Kommunikationsbarrieren wirken sich positiv auf das abteilungs- oder prozessübergreifende Verständnis hinsichtlich Control-Mechanismen aus, was sich wiederum insgesamt in einer besseren Qualität der Durchführung von Control-Mechanismen manifestieren kann (Pfister, 2009).

Deshalb ist eine effektive unternehmensinterne Kommunikation ist essenziell, um sicherzustellen, dass alle Mitarbeitenden über aktuelle Richtlinien, Gesetze und Vorschriften informiert sind und die erforderlichen Standards eingehalten werden. Indem der Austausch von Informationen, vor allem durch eine offene und informelle Kommunikation, und somit die Meldung potenzieller Verstöße, gefördert wird, können Risiken frühzeitig identifiziert werden. Dies unterstützt eine Unternehmenskultur, in der Integrität und ethisches Verhalten geschätzt werden, und trägt dazu bei, Verstöße zu vermeiden und das Vertrauen der Stakeholder zu stärken. Folgende Maßnahmen helfen dabei, die unternehmensinterne Kommunikation zu stärken:

Förderung offener Kommunikation und Feedbackkultur
Eine offene Kommunikation ist entscheidend, um Barrieren abzubauen und einen freien Austausch von Informationen zwischen Mitarbeitenden aller Hierarchieebenen zu ermöglichen. Dafür sollten regelmäßige Town-Hall-Meetings und Feedback-Sitzungen organisiert werden, um den Dialog zwischen Mitarbeitenden und Führungskräften zu fördern. Mithilfe einer positiven Feedbackkultur wird das Verständnis für Verhaltensnormen gefördert. Dies ermöglicht es Mitarbeitenden, Bedenken oder Fragen zu Compliance-Anforderungen sowie zu potenziellen Verstößen zu äußern.

Schaffung informeller Austauschmöglichkeiten
Weiters sind informelle Austauschmöglichkeiten wichtig, um den Teamzusammenhalt zu stärken und ein positives Arbeitsklima zu fördern. Regelmäßige Kaffeepausen, Teambuilding-Events und After-Work-Veranstaltungen bieten Gelegenheiten für informelle Gespräche und stärken das Gemeinschaftsgefühl. Diese informellen Settings erleichtern es den Mitarbeitenden, Bedenken oder Beobachtungen in einer weniger formellen Umgebung zu äußern, was dazu beiträgt, Compliance-Verstöße frühzeitig zu erkennen und anzugehen. Zudem stärkt ein offener und vertrauensvoller Umgang mit Compliance-Themen das Bewusstsein und die Verantwortung aller Mitarbeitenden für die Einhaltung von Vorschriften.

Beispielfragen für ein Self-Assessment zum Stellhebel „Unternehmensinterne Kommunikation":

- Ist es in unserem Unternehmen einfach, unabhängig von der Funktion oder Position im Unternehmen, mit anderen sprechen zu können?
- Haben wir in unserem Unternehmen genügend Gelegenheiten geschaffen, damit sich Mitarbeitende informell mit anderen Mitarbeitenden austauschen können?
- Können bei uns Mitarbeitende arbeitsbezogene Themen auch mit Personen besprechen, die ihnen nicht unmittelbar vorgesetzt oder untergeordnet sind?
- Ist es für unsere Mitarbeitenden schnell und unkompliziert möglich, Besprechungen mit Mitarbeitenden anderer Organisationseinheiten zu vereinbaren und durchzuführen?

> **Transfer in die Praxis**
> - Kennen Sie die Optimierungspotenziale von Compliance in Bezug auf das Kosten-Nutzen-Verhältnis, die Wirksamkeit und den Zielerreichungsgrad?
> - Passen Sie die Ressourcen entsprechend den Aufgaben und Zielen der Compliance wirklich korrekt an?
> - Fördern Sie aktiv den Stellenwert der Corporate Compliance in Ihrem Unternehmen?

- Erhöhen und Sichern Sie die Kompetenz der an der Compliance beteiligten Mitarbeitenden genügend?
- Haben Sie passende Überwachungs-Mechanismen für Compliance eingeführt?
- Ist Ihre Compliance-Überwachung vollständig in die operativen Geschäftsprozesse integriert?
- Ist Ihre Compliance in die Entscheidungsfindung des Unternehmens integriert?
- Wie stellen Sie sicher, dass die geltenden Verhaltensnormen wirklich eingehalten und umgesetzt werden?
- Priorisieren Sie bereits heute die wichtigsten Stellhebel erfolgreicher Compliance, nämlich „Entscheidungsrelevanz der Compliance", „Compliance-Kompetenzen" und „Anpassungsfähigkeit von Compliance"?
- Wie steht es um die Anpassungsfähigkeit der Compliance an das sich schnell ändernde regulatorische Umfeld?
- Welche Compliance Key Performance Indicators (CKPI) nutzen Sie, um den Erfolg der Compliance messen zu können?

Literatur

Ardts, J., Jansen, P., & Van der Velde, M. (2001). The breaking in of new employees: Effectiveness of socialisation tactics and personnel instruments. *Journal of Management Development, 20*(2), 159–178.

Becker, K., Hauser, C., & Kronthaler, F. (2012). *Korruptionsrisiken erfolgreich begegnen: Strategien für international tätige Unternehmen*. Chur. https://www.fhgr.ch/fileadmin/fhgr/unternehmerisches_handeln/SIFE/publikationen/corporate_responsibility/publikation-leitfaden-korruptionsrisiken-erfolgreich-begegnen.pdf. Zugegriffen am 10.07.2024.

Benedek, P., & Bognar, F. (2024). Compliance risk assessment – Results of a comprehensive literature review. *Acta Polytechnica Hungarica, 21*(6), 243–262.

Beschorner, T., & Habisch, A. (2019). *Corporate transparency: Building a better world*. Springer.

Birindelli, G., & Ferretti, P. (2013). Compliance function in Italian banks: organizational issues. *Journal of Financial Regulation and Compliance, 21*(3), 217–240.

Blumer, H., Dahinden, U., Francolino, V., Hauser, C., & Nieffer, R. (2017). *Meldestellen in Schweizer Unternehmen: Whistleblowing Report 2018*. HTW Chur.

Ferrell, O. C., Fraedrich, J., & Ferrell, L. (2017). *Business ethics: Ethical decision making and cases* (11. Aufl.). Cengage Learning.

Hauser, C., Bretti Rainalter, J., & Blumer, H. (2021). *Whistleblowing report 2021*. Chur. https://www.integrityline.com/de/knowhow/white-paper/whistleblowing-report. Zugegriffen am 02.05.2024.

Hauser, C., Herkenrath, M., Hilti, M., Stampfli, R., & Bretti Rainalter, J. (2024). *Auslandskorruption bei Schweizer Unternehmen – neue Erkenntnisse zu Risiken und Gegenstrategien*. FHGR Verlag/Transparency International Schweiz.

Hermanson, D., Smith, J., & Stephens, N. (2012). How effective are organizations' internal controls? Insights into specific internal control elements control elements. *Current Issues in Auditing, 6*(1), A31–A50.

Hunziker, S. (2015). *Erfolg der Internal Control – eine empirische Analyse aus Sicht des Managements*. Dissertation. Universität St. Gallen.

Hutzschenreuter, J. (2009). *Management control in small and medium-sized enterprises*. Gabler.

Losiewicz-Dniestrzanska, E. (2015). Monitoring of compliance risk in the Bank. *Procedia Economics and Finance, 26*, 800–805.

Nicolas, S., & May, P. V. (2017). Building an effective compliance risk assessment programme for a financial institution. *Journal of Securities Operations & Custody, 9*(3). https://www.henrystewartpublications.com/sites/default/files/Nicolas%2C%20Stephanie%20%26%20May%2C%20Paul%20JSOC%209-3.pdf. Zugegriffen am 10.07.2024.

Pfister, J. (2009). *Managing organizational culture for effective internal control: From practice to theory*. Dissertation. Universität Zürich.

Schmelter, R. (2009). *Der Einfluss von Management auf Corporate Entrepreneurship*. Gabler.

Staatssekretariat für Wirtschaft SECO, Bundesamt für Justiz, Eidgenössisches Departement für auswärtige Angelegenheiten EDA, economiesuisse, ICC Switzerland, Transparency International Schweiz, HTW Chur. (2017). *Korruption vermeiden – Hinweise für im Ausland tätige Schweizer Unternehmen*. https://www.seco.admin.ch/seco/de/home/Publikationen_Dienstleistungen/Publikationen_und_Formulare/Aussenwirtschafts/broschueren/korruption_vermeiden.html. Zugegriffen am 10.07.2024.

Zahra, S. (1991). Predictors and financial outcomes of corporate entrepreneurship: An explorative study. *Journal of Business Venturing, 6*(4), 259–285.

Fazit und Ausblick

In diesem Quick Guide wurde ein empirisch validiertes Compliance-Erfolgsmodell präsentiert, welches aufzeigt, dass erfolgreiche Compliance den Unternehmenserfolg positiv beeinflussen kann. Ebenso wurde gezeigt, welche Stellhebel mit welcher Priorität für eine erfolgreiche Compliance optimiert werden sollten. Zu allen elf Stellhebeln erfolgreicher Compliance wurden Handlungsempfehlungen zur Verbesserung und Optimierung der Compliance abgegeben. Diese sind keinesfalls alle neu und auch nicht erschöpfend. Sie können jedoch helfen, die bisher implementierten Compliance-Prozesse und -Maßnahmen sowie die bestehenden unternehmensinternen Rahmenbedingungen (z. B. den Stellenwert der Compliance, „Tone from the Top") kritisch zu hinterfragen und ggf. anzupassen.

Wenn Maßnahmen ergriffen werden, um die Corporate Compliance effizienter und effektiver zu gestalten, müssen diese im nächsten Schritt bewertet, gemessen und überwacht werden. Um dieses Ziel zu erreichen, ist es unerlässlich, geeignete Compliance Key Performance Indicators (CKPIs) zu entwickeln, die nicht nur die Compliance-bezogenen Aktivitäten, sondern vor allem den Compliance-Erfolg erfassen. KPIs sind

Kennzahlen, die den Erfolg oder das Ergebnis eines Betriebs oder seiner einzelnen organisatorischen Einheiten messen und überwachen. CKPIs bieten eine objektive Möglichkeit, die Leistung der Compliance zu bewerten und helfen dabei, den Erfolg von Compliance-Aktivitäten zu überwachen und zu verbessern.

Es ist wichtig zu betonen, dass CKPIs in zwei Hauptkategorien unterteilt werden können: Aktivitätsbezogene und ergebnisbezogene CKPIs. Während aktivitätsbezogene CKPIs den Fortschritt bei der Umsetzung von Compliance-Maßnahmen messen, fokussieren sich ergebnisbezogene CKPIs auf die Wirksamkeit der Compliance und den damit verbundenen Compliance-Erfolg.

Beispiele für aktivitätsbezogene CKPIs sind die Anzahl der absolvierten E-Learnings, die Anzahl der unterschriebenen Code of Conducts oder die Anzahl der Compliance-relevanten Findings der Revision. Diese CKPIs geben Einblicke in die Umsetzung von Compliance-Aktivitäten, messen jedoch nicht direkt den Erfolg oder die Wirksamkeit der Compliance.

In diesem Projekt wurde deutlich, dass ergebnisbezogene CKPIs weitgehend fehlen. Diese CKPIs sind jedoch von entscheidender Bedeutung, um die tatsächliche Wirksamkeit und den Erfolg der Compliance zu messen und zu bewerten. Es ist deshalb wichtig und dringend, ergebnisbezogene CKPIs zu entwickeln, die sich u. a. an den relevanten Stellhebeln aus dem in diesem Quick Guide vorgestellten Compliance-Erfolgsmodell orientieren, darunter z. B.:

- Einfluss von Compliance auf Entscheidungen
- Integraler Bestandteil von Management-Entscheidungen
- Compliance-Kompetenz
- Anpassungsfähigkeit der Compliance
- Compliance-Risk-Assessment
- Überwachung der Compliance
- Einhaltung und Umsetzung der geltenden Verhaltensnormen

Die Entwicklung und Implementierung dieser ergebnisbezogenen CKPIs werden es künftig ermöglichen, die Wirksamkeit der Compliance-Maßnahmen zu bewerten, potenzielle Schwachstellen zu identifizieren und gezielte Verbesserungen vorzunehmen. Durch die Messung und

Überwachung der Compliance-Ergebnisse kann ein wichtiger Beitrag zur langfristigen Nachhaltigkeit und dem Unternehmenserfolg geleistet werden.

Tab. 1 zeigt exemplarisch mögliche CKPIs für die wichtigsten Stellhebel aus dem Compliance-Erfolgsmodell. Wie aus der Tabelle ersichtlich, sind die meisten CKPIs aus der Literatur input- bzw. prozessorientierte KPIs. Einige ergänzende, stärker ergebnisorientierte Vorschläge für CKPI sind in der rechten Tabellenspalte ersichtlich. An dieser Stelle ist anzumerken, dass viele der ergebnisorientierten CKPIs zur praktischen Umsetzung des Compliance-Erfolgsmodells noch fehlen und die in Tab. 1 vorgeschlagenen CKPIs in der Unternehmenspraxis nicht getestet bzw. validiert wurden. Hierzu besteht somit noch erhebliches und vielversprechendes Forschungspotenzial.

Tab. 1 Beispiele für Compliance Key Performance Indicators (CKPIs)

Compliance-Faktoren	KPI aus der Literatur	Ergänzende KPI-Vorschläge
Einfluss von Compliance auf Entscheidungen	Keine	• Anzahl Sitzungen, in welchen Compliance eine Rolle spielt • Anzahl Management-Entscheidungen, in welchen Compliance nachweislich miteinbezogen wird
Compliance-Kompetenz	• Anzahl durchgeführter Präsenzschulungen • Anzahl geschulter Mitarbeitenden • Anzahl absolvierter E-Learnings • Anzahl verteilter Compliance-Dokumente • Anzahl unterschriebener Code of Conducts	• Einbezug von Compliance-Zielen in persönliche Zielvorgaben der Mitarbeitenden • Anzahl Fehler, die auf mangelndes Know-how zurückzuführen sind
Anpassungsfähigkeit der Compliance	• Prozentsatz der offenen Fragen nach einer Audit-Prüfung • Anzahl der regulatorischen Änderungen • Häufigkeit der Überprüfung des Compliance-Programms	• Reaktionszeit zwischen identifizierten Compliance-Risiken und der Umsetzung von Maßnahmen

(Fortsetzung)

Tab. 1 (Fortsetzung)

Compliance-Faktoren	KPI aus der Literatur	Ergänzende KPI-Vorschläge
Zielerreichungsgrad der Compliance	• Quote der bestandenen Audits • Anzahl der abgelehnten Kundinnen und Kunden	• Compliance-Bußen/Strafzahlungen im Vergleich zu allen Compliance-Kosten • Anzahl aktive Nachfrage nach Compliance-Leistungen aus dem Business • Anzahl von Regel- und Normenverstößen
Compliance-Risk-Assessment	• Risikoschwere-Lücke • Zusammengesetzter Risikoindex • Abdeckung der Compliance-Risikobewertung	• Prozentsatz quantifizierter Compliance-Risiken • Prozentsatz eingeleiteter Maßnahmen zur Reduktion von Compliance-Risiken • Compliance-Risiken sind integraler Bestandteil des ERM • Verhältnis von eingetretenen Compliance-Risiken und identifizierten Compliance-Risiken (rückblickende Effektivitätsanalyse) • Compliance-angepasster Budgetprozess („no compliance-risk – no budget")
Überwachung der Compliance	• Anzahl compliance-relevanter Findings aus der Revision • Mittlere Zeit bis zur Problemtdeckung • Mittlere Zeit bis zur Problemlösung • Anzahl der eröffneten Compliance-Probleme • Prozentsatz der fristgerecht abgeschlossenen internen Audits	• Zeitdauer, bis Compliance-Mängel behoben sind. • Anzahl identifizierter Kontrollschwächen

(Fortsetzung)

Fazit und Ausblick 113

Tab. 1 (Fortsetzung)

Compliance-Faktoren	KPI aus der Literatur	Ergänzende KPI-Vorschläge
Einhaltung und Umsetzung der geltenden Verhaltensnormen	• Anzahl eingegangener Anfragen • Auskunftsverlagen von (Wettbewerbs-)behörden • Anzahl der eröffneten Probleme im Bereich Mitarbeitenden-Beziehungen • Anzahl der Compliance-Vorfälle • Bußgelder und Strafen aufgrund von Vorschriften • Konformitätsrate der Anbieter/Lieferanten	• Anzahl Verstöße gegen die Verhaltensnormen • An die Compliance angepasstes Anreizsystem (z. B. Bonussystem)

Abschliessend sei vermerkt, dass die Autorinnen und die Autoren des vorliegenden Quick Guide keineswegs die Ansicht vertreten, dass Compliance als reiner „Business Case" instrumentalisiert werden sollte. Es braucht keinen „Business Case", das Richtige zu tun. Allerdings ist es sicherlich hilfreich aufzuzeigen, dass das Richtige tun auch einen wirtschaftlichen Wert in Form einer „Integritäts-Prämie" hat und sich Investitionen in Compliance durchaus auch monetär rechtfertigen lassen.

Dieser Quick Guide und die darin präsentierten empirischen Ergebnisse zum Compliance-Erfolg sollen Motivation sein, Compliance zu einem immer wichtigeren und selbstverständlicheren Teil unternehmerischen Handelns und Entscheidens zu machen, und zwar aus ethischer und wirtschaftlicher Perspektive – Erkenntnisse, die sich hoffentlich positiv auf die gesamte Compliance-Community auswirken und weite Verbreitung in der Praxis finden werden.

SPRINGER NATURE

GPSR Compliance

The European Union's (EU) General Product Safety Regulation (GPSR) is a set of rules that requires consumer products to be safe and our obligations to ensure this.

If you have any concerns about our products, you can contact us on ProductSafety@springernature.com

In case Publisher is established outside the EU, the EU authorized representative is:

Springer Nature Customer Service Center GmbH
Europaplatz 3
69115 Heidelberg, Germany

The manufacturer's authorised representative in the EU is Springer Nature Customer Service Centre GmbH, Europaplatz 3, 69115 Heidelberg, Germany. If you have any concerns regarding our products, please contact ProductSafety@springernature.com

Printed and bound by CPI Group (UK) Ltd, Croydon, CR0 4YY

23/03/2026

02076397-0014